本书受到以下课题资助：

中国地质大学（武汉）2018年研究生教育教学改革项目"双一流导向的设计学科研究生教学模式与课程体系建设"，中国地质大学（武汉）2018年一般教学改革项目"一流设计专业课程深度学习模式与效应研究"；

江汉大学武汉研究院2019年度开放性课题"基于服务设计的武汉市社区垃圾源头分类落地研究"；

第56批中国博士后科学基金面上项目"基于固体废物资源化理念的服务系统设计"；

光明社科文库

服务设计思维与方法

刘　军◎著

光明日报出版社

图书在版编目（CIP）数据

服务设计思维与方法 / 刘军著 . -- 北京： 光明日报出版社， 2021.6

ISBN 978-7-5194-6077-8

Ⅰ.①服… Ⅱ.①刘… Ⅲ.①商业服务—服务模式—研究 Ⅳ.① F719

中国版本图书馆 CIP 数据核字（2021）第 086836 号

服务设计思维与方法
FUWU SHEJI SIWEI YU FANGFA

著　　者：刘　军

责任编辑：郭思齐　　　　　　　责任校对：傅泉泽
封面设计：中联华文　　　　　　责任印制：曹　净

出版发行：光明日报出版社
地　　址：北京市西城区永安路 106 号， 100050
电　　话：010-63169890（咨询）， 010-63131930（邮购）
传　　真：010-63131930
网　　址：http：//book.gmw.cn
E - mail：gmrbcbs@gmw.cn
法律顾问：北京德恒律师事务所龚柳方律师

印　　刷：三河市华东印刷有限公司
装　　订：三河市华东印刷有限公司
本书如有破损、缺页、装订错误，请与本社联系调换，电话：010-63131930

开　　本：170mm×240mm
字　　数：201 千字　　　　　　印　　张：15
版　　次：2022 年 1 月第 1 版　　印　　次：2022 年 1 月第 1 次印刷
书　　号：ISBN 978-7-5194-6077-8

定　　价：89.00 元

序一

　　服务设计是当前设计研究领域日益受到重视的话题之一，英国不仅在经济领域大力推行服务创新设计，更将触角延伸向需求广阔的医疗、健康、教育、基础设施建设等相关公共领域。服务设计方法是通过用户需求、行为和心理的服务视角分析，找出服务体验痛点，对服务流程进行规划的一系列设计活动，实践中往往需要跨学科协作和用户参与性合作。刘军博士的这本书侧重梳理服务设计思维与方法工具应用，并在最后两章以服务设计研究课题展现了方法价值。

Stephen.Wang

英国皇家艺术学院创新设计工程专业主任

RCA-IIS 东京设计实验室主任

序二

目前，服务设计已在公共服务部门、教育、医疗、互联网等领域广泛开展，并深入生活设计的方方面面。服务设计方法的出现表明了设计师角色的转变，服务设计过程是设计师、用户、生产者等相关利益者在平等开放中互相协调的过程，这一过程不仅涉及有形产品，也深度涉入人机交互的使用语境、复杂的消费人群行为模式、心理体验等。刘军博士的《服务设计思维与方法》一书通过梳理服务设计概念演变，设计思考重心由"物"向"关系"的扩展，比较了服务设计的创新价值，并以近年完成的社区垃圾分类服务设计、就医服务设计课题为案例，阐述了服务设计对改善人的日常生活所具有的探索意义。

付志勇
清华大学美术学院服务设计研究所所长
中国工业设计协会信息与交互设计专业委员会秘书长

序 三

　　相比我们熟知的传统设计概念和方法，一个显著趋势是设计越来越强调系统思考、智能化、体验、责任等意义，设计不再只是单纯的物质设计，还有物质需求背后的服务整合能力和社会观念，包括从设计、制造到用户及社会价值等外部因素的整合设计。消费者观念从注重产品质量、功能、价格转到注重品牌、易用性、体验、愉悦感等服务内容上，服务设计思维与方法探索有助于把握用户服务需求的产品系统设计。刘军博士的这本书从理论方法整理、企业案例分析、课题研究探索三个方面集中了他近几年在服务设计教学、课题研究上的阶段性思考，对完善服务设计认知有一定意义。

苏　峻

小米生态链　智米科技公司首席执行官

序四

当前，人们衣食住行中常遇到各种不便，如打车难、缴费麻烦、找不到酒店等，这些都与设计和服务有着千丝万缕的关联，有些问题的产生不仅是物质设计的原因，更是设计思考的服务观缺失所导致的，传统产品设计观念已不能完全满足后工业社会的消费需求，需要关注服务视角问题思考。

从20世纪后半期开始，欧美国家对服务管理和服务进行了逐渐深入的研究，相关成果被设计学研究者引入设计创新与实践领域。现在，服务设计被运用到公共服务部门、教育、医疗、互联网等不同领域，借助用户行为研究和交互模式分析，为可持续发展、公共服务、用户消费带来更优体验和其他价值。从设计价值转变而言，服务设计从关注单个产品设计发展到对物品服务系统设计的关注，它是一个全新的、整体的、跨领域的综合性应用，为社会、经济、环境改善提供了"人—物—环境"设计视角的解决策略，整体协调人—环境—人际间关系。

我们可以发现信息时代的设计不仅与技术和质量有关，还包括产品形成的生活方式与服务。面对人口膨胀、资源紧张、城市化困境等危机，设计对象从"物品"转向"服务"，有助于衍生出人与产品的新型关系、新的设计内容、新的服务体系。

刘 军

2019年5月，武汉

目 录
CONTENTS

第1章 服务设计主张

服务指为客户提供信息、材料、产品、体验等内容的过程。1960年美国营销协会对其定义为"可独立出售或与商品共同出售的行为、利益或满足"。著名服务专家美国营销协会主席瓦拉瑞尔·A·泽斯曼尔（Zaithaml）将"服务"简括为：行动、过程和表象[①]。服务的形式包括提供有形产品、无形产品、创造氛围和体验、满足心理情感的活动。如图1-1所示，无论制造型企业技术型企业还是零售商服务等都包含了有形产品端和无形服务驱动端。服务系统由人、技术、组织和共享信息组成，为顾客、服务供应者及他人创造和传递价值。从而产生良好的顾客满意度和生活品质。2018年10月，中国品牌评级机构Chnbrand发布第四届顾客满意度指数（C-CSI）报告，指出用户综合感受（非具体产品）越来越主导消费评价，高品质生活产品与服务C-CSI提升最快。

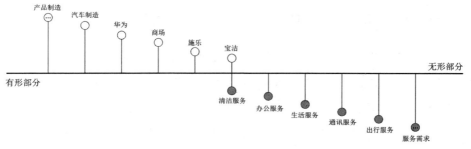

图1-1 有形服务和无形服务

---

① 瓦拉瑞尔 A.泽丝曼尔.服务营销（第7版）[M].张金成，译.北京：机械工业出版计，2018：3.

现在，服务需求和体验遍布日常生活各个方面从早晨起床、吃早餐、出门乘坐公共交通到下班、回家的整个日常过程都依托服务展开，衣食住行服务包括了餐馆、酒店、公共场所、商店、银行、文化机构、机场、公共交通……随着研究者们将有形产品和服务拆分，服务需求被分为四种类型（如图1-2）其体验好坏成为影响企业竞争、社会发展质量的重要问题。国际著名社会学家丹尼尔·贝尔（Daniel Bell）指出：后工业社会的首要特征是产品经济向服务经济转变，以服务和舒适来界定生活质量，这是社会发展的又一个阶段。

	谁或什么是服务的直接接受者	
服务活动性质	人	所有物
有形活动	人体服务 （针对人体的服务） · 旅客运输、住宿 · 医疗服务 ……	所有物服务 （针对拥有的实物的活动） · 货运、维修与保养 · 熨烫与干洗服务 ……
无形活动	精神服务 （针对人的思想的服务） · 教育 · 广告或公共关系 · 心理治疗 ……	信息服务 （针对无形资产的服务） · 会计 · 银行 · 法律服务 ……

图1-2 服务的四种分类

本图来源：克里斯托弗·洛夫洛克.服务营销［M］.韦福祥，译.北京：机械工业出版社，2014：15

一、设计重心由"物"向"用户"转移

过去10年里，谷歌（Google）和百度（Baidu）搜索普及改变了人们寻找信息的方式；脸谱（Face book）、维基百科、土豆、电子书、数字新闻、人人网、微信（WeChat）等建立了全新阅读与交友社区，改变了人与人的交往形式；淘宝、亚马逊、京东商城改变了购物消费与体验。滴滴、优步（Uber）、共享汽车等改变了人们出行观念和行为，社会整体进入可持续发展、数字化联系、智能化产品和交互性沟通为

特征的状态。

首先，后工业社会物品设计从机械功能产品走向普适计算、移动互联网、智能化，构成了人机认知新情境，使人对产品的认知和使用从过去单向接触变为情景互动，消除了工业时代枯燥乏味的产品操作，设计焦点从产品外在物质形态（材料、色彩、形式、结构）转向整体交互方式与情感体验，消费者能根据需要和场景变换信息模式，不断更新产品交互形式，带来个性化乐趣，从用户角度而言，产品包括了有形和无形两个方面，有形产品提供使用技术和功能，无形服务提供用户需求满足方式。以水杯为例，用户拥有水杯的主要目的是喝水。但可以是情侣水杯、智能水杯人、透明水杯等实现不同喝水心理体验。因此，产品是服务的载体，服务是产品生产和购买的本质，服务通过有形产品发生作用，企业生产产品是为了提供服务，进而满足用户的合理消费需求，如图1-3所示。以手机设计简史为例，从早期外形竞争到苹果（iPhone）全屏触摸与系统功能设计，正是物品设计走向信息智能、实体设计走向服务载体设计的缩影。

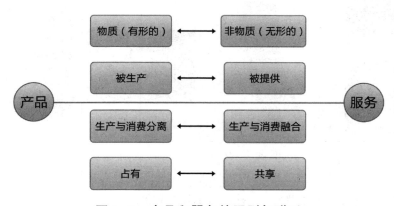

图1-3　产品和服务的区别与联系

手机发展史上，有翻盖、滑盖、触摸设计三大转折点。1983年，以摩托罗拉（Motorola）第一款手机 DynaTAC 为标志，功能手机时代到来，但此时的手机体型庞大，屏幕很小，是典型工业社会功能型产品。1996年第一款翻盖手机 StarTAC 出现。不仅外形缩小、形式感也分繁复杂，手机有各种式样和细分群体。1999年，西门子（Siemens）推出首款滑盖手机SL10，键盘被设计师隐藏在屏幕下方，按钮第一次显得不那么重要，2007年，苹果（iPhone）的出现再次改变移动电话呈现形态，开创了智能手机的新形式标准（简洁外形和大屏幕），除了一个物理键（home键），其他功能键全部隐身和虚拟化，此后所有智能机几乎都呈现这一造型，外形不再是设计竞争重点，信息系统、人机界面及服务系统等成为设计关键，如表1-1所示。

其次，后工业社会的另一个变化是以产品为载体的服务设计，产品与服务，边界模糊和重叠产品形式和功能在服务体验里融为一体，如滴滴共享出行服务，用户同时享受了人（司机）、汽车（物）、无形共享服务。设计不再仅是视觉符号的翻新与刺激，更侧重用户心理、社会效应和行为的服务过程。人们在期待产品在具有实用性的同时，还能带来一种服务体验。

表 1-1　手机从功能设计到智能设计的演变

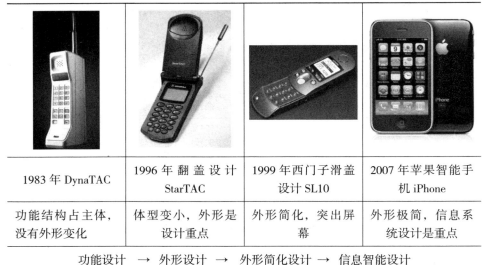

1983 年 DynaTAC	1996 年 翻 盖 设 计 StarTAC	1999 年西门子滑盖 设计 SL10	2007 年苹果智能手机 iPhone
功能结构占主体，没有外形变化	体型变小，外形是设计重点	外形简化，突出屏幕	外形极简，信息系统设计是重点
功能设计　→　外形设计　→　外形简化设计　→　信息智能设计			

资料来源：刘军. 新设计伦理：信息社会情境下的设计责任研究［M］. 2017：92.

如图1-4所示，华为手环外形时尚简洁，可以作为年轻人个性化装饰腕带，但其吸引消费者之处更在于它是一种健康记录工具，可以接听电话和计量登山、爬楼、跑步、走路、骑车等不同行走状态，能记录携带者每天行走步数、距离、速度、走路时间等大数据，在此基础上计算出身体热量消耗（卡路里，Calorie），这些数据不仅可以传送给专业人员，便于他们为个人锻炼和身体健康治疗提供辅助，还能与朋友分享日常健康运动生活。其功能使用如图1-5所示。事实上，计步器早就存在，1667年意大利伦纳德·达芬奇设想了计步产品功能雏形；1755年日本工程师Gcn.naiHiraga发明了机械计步器，后来被应用于体育训练和竞赛；1965年正式进入商用市场。可见如果技术和产品找不到应用领域、服务对象和服务方式就很难发挥更大价值。

图1-4 华为手环

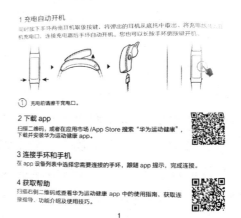

图1-5 华为手环功能服务

现在，人们对物品的评价和比较贯穿于设计、制造、成本到行销的各个环节，并加入法律、社会责任等因素的综合考量。相比于工业时代的物品设计，后工业社会的产品设计从关注实体（产品本身）转向对产品服务和流程的重视，这种产品为载体，以人为中心的服务体验设计在生产与消费中越来越重要。

以乐高（LEGO）产品设计为例，自20世纪中期开始，设计重心由"物"投射到"人"，设计打破物品的狭义理解，从技术、材料、工艺等可见问题扩展到对人的心理、行为、观念和环境的关系研究上。在这种趋势的影响下，乐高从玩具制造转向娱乐设计，乐高产品不再仅是小孩玩乐的木块，而是服务与情感体验。自20世纪90年代以来，乐高公司积极从产品设计转向服务设计，这种转变表现在两方面：

1. 从设计产品转向打造设计共享平台

乐高公司通过各种活动和网络社区连接起消费者、设计师和产品，每年会在世界各地举行年度聚会，乐高设计师会现场组建创意兴趣小组，与"乐高粉"们一起讨论创意拼接技术。对于那些将爱好变成兼职或全职的成人乐高设计师和拼砌者，还会颁发"乐高认证专家"的称号，帮助他们和乐高集团建立正式关系。此外，公司还会定期发布《积木杂志》期刊和推广乐高活动。如最近几年推出了"乐高大使"计划，在全球征集19~65岁的粉丝参与公司设计团队的创作项目，辅助乐高的设计发展。

随着移动网络的普及，乐高在2010年建立了官方社区平台（LEGO Click），组建了一个与各国孩子、爱好者和收藏者交流的乐高社区，使世界各地的乐高迷们有了分享玩具知识和拼砌技术的交流平台，而乐高也从中发现了很多优秀的设计创意。这种与用户建立协作设计关系和打造设计平台的方式给乐高带来了很多意想不到的效果。

2. 由设计玩具转向提供娱乐和教育服务

进入乐高官网，可以看到乐高产品的服务定位是"玩耍探索世界，动手中学会创造"。乐高把玩具设计变成一项教育服务事业，无论是"RCX课堂机器人"、智能游戏积木，还是每年举办的LEGO世界杯，出发点都是依托信息技术平台，给予孩子或成年人发挥设计想象力的机会，引导人们在游戏中提高人际交往、团队合作和身体运动能力。正如乐高设计总监Soren Lund所说，乐高产品是粉丝们共同创造的成果，我们只是提供了交流和创意的平台，很多好的产品建议和智能程序由社区里的乐高爱好者帮助完成。可见，乐高公司的未来发展方向就是提供优质、健康的娱乐方式，以共享平台连接起乐高迷、公司和相关利益者。

"乐高现象"反映了设计走向情景交融，成为一种服务方式的趋势，产品在具有实用性的同时，还要与用户心理产生共鸣，具有社会意义。要帮助解决具有社会影响的问题，缓解人的基本需求与社会可持续发展需求的矛盾。面对人口膨胀、资源紧张、城市化困境等危机，设计对象从"物品"转向"服务"，并由此衍生出人与产品的新型关系、新的设计内容、新的服务体系，如图1-6、图1-7所示。

图 1-6　乐高体验店　　　　　　　　图 1-7　乐高体验店

二、服务设计历程简述

（一）服务设计需求背景

1. 体验经济推动与规模化定制需求

20世纪末以来，体验经济（Experience Economy）概念被快速传播和讨论，美国未来学家阿尔文·托夫勒（Alvin Toffler）提出"体验工业"，德国学者舒尔茨（Gerhard Schulze）提出体验社区，美国学者约瑟夫·派恩（B.Joseph Pine）专著《体验经济》从消费者体验重新审视企业经营模式和产品服务价值增值，认为体验是货物、商品、服务之后的第四阶段价值。有关体验的各种讨论层出不穷，如建筑体验、情感体验、身体体验、服务体验、产品体验等，这些体验概念反映了信息技术推动下的经济转变、社会消费需求演变新阶段。

因此，约瑟夫·派恩总结"任何时候企业在和消费者互动时都是在导演体验，以一种个性化、令人难忘的方式和对方建立联系。"[1]晏国祥在《消费体验价值论》中提出"全球范围内经济持续长期的高增长促使消费者越来越看重消费体验所带来的感觉，而非商品实体。"[2]如惠普公司提出"全面客户体验服务"（Total Customer Experience）（1999年）、Windows XP 的 "XP" 就是英文 "体验"（Experience）（2001年）。

体验消费是为解决企业产品与服务竞争的同质化、标准化问题，自动化、规模化生产使商品外形、功能、售后服务等技术差异越来越小，而持续降价手段排挤竞争者已被证明无法改变产品经营困境，通过"感官"或"情感"体验方式可以提供消费者自我决定的服务流程、服务模式和使用方式。

这种体验价值、规模化个性定制需要服务设计创新思维，即服务为舞台、产品为道具，站在用户感官、情感、思考、行动、关联五个方面实现大众化、规模化量身定制，超越原有产品和服务同质化。所以，服务设计产生于体验经济为重心的社会发展背景下，它伴随着世界经济转型需求而产生。

从物品设计与服务转变看，工业经济时代的社会生产和需求紧紧围绕在以土地、劳动力、资金和能源为基础的物质型经济上，满足物品高效制造过程和有效销售是关注重点，产品和服务只能满足人们"有用"、"可用"需求，设计首要目标是确保用户得到有用、好用产品（功能强大、外型美观、价格优势），福特汽车公司创始人亨利·福特（Henry Ford）的产品观就是"不管顾客需要什，我们生产的汽车只有黑色"。随着日常生活与工作所需的物品质量快速提高和技术含量差异减小，后工业时代的商品制造变得相对简单，生产能力由物质生产转向为服务性生产，产品和服务融为一体，产品变成是"提供某种服务

① 约瑟夫·派恩.体验经济［M］.毕崇毅，译.北京：机械工业出版社，2012：4.
② 晏国祥.消费体验价值论［M］.北京：经济科学出版社，2009：2.

以丰富、完善人的体验的一种设计。"①

如全球最大咖啡连锁店星巴克（Starbucks）认为自己不仅仅提供咖啡，更是创造人们除家庭和公司外的"第三生活空间"与休闲服务；耐克（NIKE）定位自己是提供与运动鞋相关的运动生活和服务；通用电气公司（General Electric Company，GE）提出由制造公司变为解决方案供给服务公司；国际商业机器公司（IBM）1993年将企业重心从硬件转向软件和产品服务；农夫山泉也在广告中说到"我们不生产水，我们只是大自然的搬运工"；乐高产品定位为"娱乐和教育体验提供者"；海尔提出"以用户为中心卖服务"等，这些都是企业从产品背后思考服务需求的体现。

服务设计内容涉及产品生命周期全过程和策略，关注整体体验和提供产品系统解决方案，从生活与情境出发，塑造感官体验、情感认同和消费行为，物品设计涵盖了需求"发现（Discover）、产品定义（Define）、系统开发（Develop）、服务交付（Deliver）"四个内容，不同社会发展阶段产品和服务需求差异如表1-2。

表1-2　不同社会阶段经济发展与需求重心

经济形态	社会活动主导	消费需求重心	技术与结构	设计
产品经济	农业、矿业	温饱	手工工具	手工设计
商品经济	产品生产、销售	产品拥有数量	机器	产品设计
服务经济	服务、体验	生活品质个性化	信息技术	信息与服务设计

2. 设计理论与问题解决视角扩展

随着二战后丰裕社会的到来，经济、技术、文化的发展和社会问题反思推动设计理论和方法摆脱艺术与手工艺传统，科学方法整合到设计思考和实践过程。如20世纪60年代乌尔姆设计学院教授马克斯·本泽（Max Bense）运用符号学概念化美学问题、让·鲍德里亚（Jean

---

① Jonathan Cagan，Craig M.Vogel. 创造突破性产品：从产品策略到项目定案的创新［M］. 辛向阳，译. 北京：机械工业出版社，2004：6.

Baudrillard）用符号学研究日常生活用品，1977年克里斯托弗·亚历山大（Christopher Alexander）用模式语言设计方法阐释设计对象的社会和功能价值，维克多·帕帕奈克（Victor Papanek）提出"为真实的世界设计"。

20世纪80年代数字化设计日趋明显，生态问题日益重视，唐纳德·诺曼（Donald Arthur Norman）倡导用户界面设计和情感化设计，加拿大蒙特利尔大学教授阿兰·芬德利（Allan Findlay）在俄亥俄州大学首届设计博士会议（1998年）上指出设计知识以传递和融合到工程学、管理、营销、通讯科学等。2001年江苏美术出版社出版"现代十大设计理念"系列丛书（高技术派、绿色设计、人性化设计等），从后现代设计理念、设计方法变化反映设计问题视角的扩展。另外还有生态设计、绿色设计、低碳设计等衍生的可持续设计理论，如米兰理工大学教授埃佐·曼奇尼（Ezio Manzini）"社会创新与可持续设计"，清华大学美术学院教授柳冠中"设计事理学"提出透过物品背后"事"本质系统思考和解决产品功能价值。

可见，20世纪60年代以来，设计视角和理论方法不仅关注人机形态，也关注到技术考量和观念变革影响。即设计从单一"机器为中心"、"以人为中心"转向"人－机－环境系统"，设计目标不仅是物品形式、功能结构，还包括物品提供用户服务过程的整体完善，这些转变和积累构建了设计创新的产品服务系统思维（product service system，PSS），形成"面向产品的服务、面向结果的服务、面向使用的服务。"[①]

现在，人们经常抱怨交通堵塞、空气污染，数字鸿沟、公共服务弱势者歧视等问题，这些都与产品和服务的设计错位存在关联，有些问题更是直指产品设计背后的服务观念缺失。如城市管理者倡导居民选择自行车作为短距离绿色出行工具，且围绕出行观念、自行车使用做了很多服务工作，但效果微弱。究其原因，绿色出行不仅仅是交通工具数量、线路、车辆的问题，还集中在城市规划、交通设施管理、交

---

① 刘新，刘吉昆. 机会与挑战：产品服务系统设计概念与实践［J］. 创意与设计 .2011（05）：16.

通参与者问题等方面，这些方面合起来就是如何设计好绿色出行服务系统行为和方式的问题。

2019 年曾在湖北电视台生活节目中看到一个有趣的新闻事件：武汉某小区居民向电视台抱怨到，他们很感谢社区物业为小区老旧路面进行"刷黑"改造和美化居住环境，但道路刷黑后，每次下雨都会造成雨水倒灌楼道。原因是工程设计单位抬高了刷黑路面，导致小区路面高于居民楼进出口走道，当时看到这个案例立刻想到了服务设计思维，该设计施工机构显然缺乏服务设计系统观，不能仅仅考虑怎样刷黑，应该从路面刷黑事件背后的居住服务需求出发。这说明设计不仅是帮助解决"物"的问题，还需要考虑产品使用的相关服务，传统物品设计观念已不能完全满足后工业社会服务需要。正如柳冠中教授在《设计事理学》一书中所言"事是物的存在方式，是人与物发生关系的存在状态，人造物的本质特征是人工性及人所赋予的目的性和价值。"[①]

经过近 30 年发展，服务设计在全球范围内受到越来越多关注。欧洲设计强国（英国、丹麦等）不仅在经济领域大力推行服务设计，更将触角延伸向医疗、健康、教育、基础设施 建设等相关公共领域，服务设计应用领域逐渐扩大。如图 1-8。

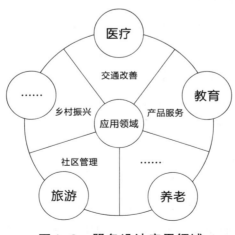

图 1-8　服务设计应用领域

---

① 柳冠中.设计事理学［M］.长沙：中南大学出版社，2006：7.

（二）服务设计定义描述

"服务设计"（Service Design）是当代设计领域的新名词。20世纪后半期，服务设计观点初始于服务管理和服务营销领域，早期基本观点包含在管理学与市场营销学的服务创新理论与服务营销实践。

20世纪60年代，服务管理和营销研究者们开始将产品与服务独立研究，如1966年，约翰·拉斯摩（John athmall）首次明确区分了无形服务和实体产品差异。1977年，利恩·肖斯塔克（Lynn Shostack）在美国《市场营销学刊》上发文"从产品营销中解放出来"。20世纪80年代，顾客价值为导向的竞争理念建立，服务营销理论逐渐完善。克里斯托弗·洛夫洛克（Christopher Lovelock）在《服务营销》一书中提到"有形产品价值的体现不是产品本身，而是产品消费过 程中服务给顾客带来的利益。"①1981年，布姆斯（Booms）和比特纳（Bitner）将营销组合4Ps "产品（Product）、价格（Price）、渠道（Place）、促销（Promotion）"扩展到7Ps "产品（Product）、价格（Price）、渠道（Place）、促销（Promotion）、人员（People）、有形环境（Physical Evidence）、过程（Process）"。

1982年，美国服务管理学专家利恩·肖斯丹克（Lynn Shostack）在《欧洲营销杂志》（*European Journal of Marketing*）上提出"如何设计一种服务"（How to Design a Service），强调以"服务"为重点，"设计"为手段来进行规划。

1984年，利恩·肖斯塔克（Lynn Shostack）又在《哈佛企业评论》中发表论文"Designing Services"，首次将设计和服务结合，这便是"服务设计"的思考雏形。提出使用服务蓝图分析和设计服务过程。

20世纪80年代后期，营销学者们逐渐衍生出"以人为中心"的关系市场营销和服务系统设计研究。20世纪90年代，服务营销理论与方法广泛应用到各个产业领域，并围绕服务过程导向、服务感知效用等展开服务满意度评价研究，形成一系列服务体验评价方法和工具模型，

---

① 克里斯托弗·洛夫洛克.服务营销［M］.韦福祥，译.北京：机械工业出版社，2014：13.

如泽丝曼尔"服务质量行为"、菲利普·科特勒认为营销者主要经营十大产品"有形产品、服务、事件、体验、人物、场所、产权、组织、信息、想法"。克里斯托弗·洛夫洛克的"顾客体验管理"、"顾客界面管理"。

随着信息技术变革（互联网＋、人工智能）、商业模式创新（跨界服务、O2O服务、共享服务），多学科交叉形态的服务科学逐渐形成和成熟，如罗伯特.F.勒斯克（Robert F.Lusch）等提出"服务主导逻辑"，强调顾客参与，产品是创造服务价值的输入因素。"在服务主导逻辑下，所有的经济都是服务经济，产品只是服务提供的载体和服务能力传递者，在经济交换中表面上提供有形产品，实质上提供一种服务和解决方案。"[①] 由以上综述可见，服务营销者们提到的服务界面管理正是设计学领域关注的有形产品（人—机—环境），服务科学研究者们的服务分析离不开微观的服务设计、服务行为、服务体验等"非物质设计"过程。

反观现代设计发展过程，20世纪60年代后，设计的理论化、社会化、系统化倾向明显。如设计师亨利·德雷夫斯（Henry Dreyfess）著作《人体度量》开创了设计的人机工学系统关注，维克多·帕帕奈克（victor papanek）《为真实的世界设计》引发设计服务对象和伦理观思考，劳克斯·霍哈曼（Laux Hochmann）《产品设计：系统整体设计指导手册》，布鲁斯·阿彻（B·Arche）《设计师的系统方法》、《设计和社会》等诸多理论化探索进一步推动和扩充了设计研究方法跨学科交叉融合。此外，国内外学者们对设计管理、设计营销、设计心理学、设计社会学等积极探索，如迈克尔 法瑞（Michael Farr）《设计管理》、荣久庵宪司《不断扩展的设计》、王明旨《设计的文化》、柳冠中《设计事理学》等，这些交叉与融合推动了设计学科理论方法系统深化。

服务设计正是现代设计发展过程中的方法探索，设计学范畴"服务设计"概念最早出现于20世纪90年代，德国学者比尔·柯林斯（Bill

---

① 包国宪.服务科学：概念架构、研究范式与未来主题［J］.科学学研究，2011，29（1）：22.

Hollins）夫妇在其设计管理学著作 Total Design 中率先提出服务设计一词，服务设计概念由此被明确提出和形成。在 IDEO、Frog Design、英国和德国的一些公共设计机构、科隆国际设计学院教师及中国等各地区学者、相关企业持续努力下，服务设计影响力、概念、方法等逐渐清晰。

1. 服务设计定义解释

由于服务设计产生、发展和实践时间短，目前还没有统一标准和清晰的定义描述，但各个国家、不同领域研究者都对服务设计概念进行过阐述，形成世界范围内的服务设计研究，国内方面，越来越多高校建立服务设计团队或增加服务设计课程，如清华大学美术学院服务设计研究所、江南大学设计学院、南京艺术学院产品服务系统设计等，国内外相关机构、学者对服务设计定义描述有：

国际设计研究协会（Board of International Research in Design）认为从客户角度设置服务，服务设计的目的是确保服务界面；从用户角度讲，指有用、可用以及好用；从服务提供者来讲，包括有效、高效以及与众不同。

英国国家标准局建立了服务设计管理标准（BS7000-3：1994 Design Management System Guide to Managing Service Design），为服务设计组织在服务设计的各个层面制定了管理指南。此标准认为服务设计是一个塑造服务的过程，要能满足服务使用者的需求与潜在需求。

斯蒂芬·莫里茨（Stefan Moritz）《服务设计——通往进化领域的实用途径》（"Service Design：Practical Access to An Evolving Field"）一文从设计角度指出：服务设计是创新或改进全面体验的设计，它以一种新的方式连接组织和客户端，使其更加有用、易用、理想化、高效。宝莱恩（Andy Polaine）、乐维亚（Lavrans Lovlie）等人认为服务设计优势在于用洞察研究方法来理解服务关系之间的规律，其工具、方法可以帮助设计师摆脱工业化思维束缚，解决服务中包含的多方利益相关人复杂问题。①

　　清华大学美术学院王国胜教授：服务设计的核心体现在对物品或人的关心与照看、对不可见需求的响应、对使用权的享有。② 陈觉《服务产品设计》中认为服务产品设计内容是"为实现顾客期望的利益和效用而提供的各种服务要素（有形物品、服务内容等），它依赖服务提供过程的系统和方法（设施布局、服务流程等）"。③ 此外，国内研究者辛向阳、胡飞、张淑君《服务设计与运营》、黄蔚《服务设计驱动的革命》、陈嘉嘉《服务设计：界定、语言、工具》等都谈到过服务设计定义解释。

　　哥本哈根互动设计学院总监 Simona Maschi 为代表的服务设计研究者们认为"服务设计以提供给使用者完整服务为目标，结合设计技巧、管理等规划出系统与流程设计，它是知识经济中不可或缺的要素"。④

　　英国设计委员会（UK Design Council）认为服务设计是围绕提供的服务是否有用、可用、快捷、高效和需要。德国科隆应用科学大学国际设计学院比吉特·梅格（Birgit Mager）教授认为服务设计旨在确保服务的界面是否有用、可用并且需要（用户角度）是否快捷、高效、有特点。英国未知设计事务所（Frontier Service Design）认为服务设计就是提供全面的设计方法为企业了解和发现消费者需求。

　　商务部、财政部、海关总署等部门联合编制服务外包产业重点发展领域指导目录（2018年版），该目录涉及23个重点领域，第22个领域是服务设计服务。对服务设计定义是：以用户为中心、协同多方利益相关者，通过人员、环境、设施、信息等要素创新的综合集成，实现服务提供、流程、触点的系统创新，从而提升服务体验、效率和价值的设计活动。服务设计服务属于知识流程外包（KPO）。业务类型主

---

① Andy Polaine 等.服务设计与创新实践［M］.王国胜等，译.北京：清华大学出版社，2015：200.
② 王国胜.服务设计与创新［M］.北京：中国建筑工业出版社，2015：68.
③ 陈觉.服务产品设计［M］.沈阳：辽宁科学技术出版社，2003：25.
④ Marc Stickdorn.这就是服务设计思考［M］.池熙璿，译.新北：中国生产力中心，2013：30.

要是服务模式设计、商业模式设计两类，重点面向批发和零售业，文化、体育和娱乐业，住宿和餐饮业，租赁和商务服务业等4个国民经济行业。

综上所述，服务设计理念旨在为用户提供全面需求，服务设计就是通过对用户需求、行为和心理的分析，找出服务接触痛点，并对服务流程进行规划的一系列设计活动，进而提升用户在使用产品或体验服务时的心理感受，它需要跨学科协作和用户参与性合作。

在具体实践中，德国科隆应用科学大学国际设计学院（KÖln International School of Design）从设计教育层面提供了服务设计教学与研究，迈克尔·埃尔霍夫（Michael Erlhoff）最早将"服务设计"作为课程专业在德国科隆国际设计学院（KISD）教学和推广。意大利多莫斯设计学院（Domus Academy）也将服务设计作为设计教育重要环节。2001年英国成立第一所Line/Work服务设计公司，美国著名设计公司IDEO也在2002年开始导入服务设计理念，为客户提供创新协助、跨产品、服务与空间的体验设计和服务设计。2004年，为加深国际间的研究和教育，在科隆应用科学大学国际设计学院、卡耐基梅隆大学（Carnegie Mellon University）、瑞典林克平大学（Link Spings University）、米兰理工大学（Polytechnic of Milan）、多莫斯设计学院之间建立起服务设计网络。2014年以来，全球服务设计大会（Service Design Global Conference）先后在瑞典斯德哥尔摩（2014）、美国纽约（2015）、荷兰阿姆斯特丹（2016）、西班牙马德里（2017）、爱尔兰都柏林（2018）、加拿大多伦多（2019）召开。

到2008年，设计学领域中的"服务设计"概念变得更加明晰，当年由国际设计研究协会（Board of International Research in Design）主持出版的《设计词典》（*Design Dictionary*）给其下了专门定义。其发展历程如图1-9。

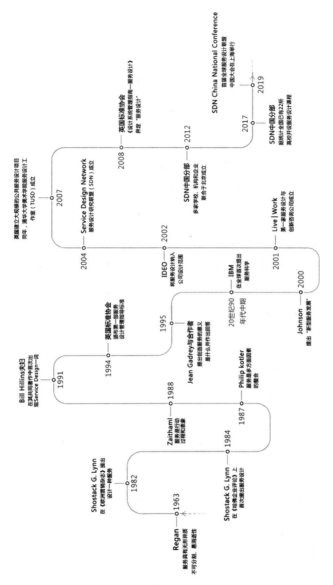

图1-9 服务设计发展历程

2. 研究价值

服务设计被运用到不同领域，发展出丰富多样的服务设计应用方向。目前，服务设计已在公共服务部门、教育、医疗、互联网等领域广泛开展，并深入生活设计的方方面面，借助用户行为研究和交互模式，服务设计给可持续发展、公共服务、用户带来更优体验和其他价值。

服务设计从关注单个产品设计发展到对服务系统设计的关注，它是一个全新的、整体的、跨领域的综合性应用，帮助创造新的服务或提高现有的服务，使客户觉得更加有用、好用、满意，并且对组织来说更加有效率和效用。

服务设计以新理念融入复杂社会系统，为社会、经济、环境危机提供解决策略，从整体协调人—环境—人际间关系，这是对现代设计危机最好的反思。

一是服务设计思维有助于更好地进行社会创新。"互联网+""云计算"带来的生活变迁深深影响了人们的消费模式和社会结构，技术进步为设计提供了越来越多的可能性，特别是服务设计思维的跨领域、全局性、系统性思考，正迎合了"互联网+"思维创新内涵。社会创新不仅是技术层面的创新，还有环境和社会层面的创新，服务设计的多学科融合特性使协同创新成为可能。此外，服务设计还常被视为新的商业创新，它通过服务流程中接触点的设计应用，创造了良好的顾客体验。

二是服务设计改变了设计价值观，体现了设计从单向走向多维的趋势。工业革命以来，设计成为刺激消费欲望的手段，在批量生产与规模消耗的经济模式引导下，设计相关的价值问题逐渐凸显，如环境污染、信息负效应、人们精神失落等。蒂姆·布朗就明确指出"创新不再只局限于推出新型实体产品，还包括开发出新型的流程、服务、互动、娱乐模式、交流与合作的方式，这既是设计师日常工作，也是从"设计行为"到"设计思维"的自然演进。"① 服务设计方法的出现表明了设计师角色的转变，服务设计的过程是设计师、用户、生产者等相关利益者在平等开放中互相协调的过程，这一过程不仅涉及有形产品，也深度涉入人机交互的使用语境、复杂的消费人群行为模式、心理体

① 蒂姆·布朗.IDEO–设计改变一切［M］.侯婷，译.沈阳：万卷出版公司.2011：7.

验等。

三是服务设计具有社会共生效应。服务设计在社会民生改善提供创新方案，能大幅提高公共服务效能，有助于社会价值的平等共享。它突破了传统设计中的物质载体局限性，将设计洞察点从个体产品扩大到产品服务系统，扩大了设计社会价值评价范围。目前国内外已有不少机构与设计师开始尝试如何把设计知识应用于公共问题、社会事务等具有社会意义的实践行动中。如王国胜用服务设计改善北京市人才档案公共管理服务中心业务，格拉斯哥艺术学院服务设计团队与苏格兰皇家银行的项目合作、IDEO 以设计思维改善新加坡出入境服务效率和体验等。

四是服务设计对可持续发展有积极意义。随着环境危机日益严重，服务设计追求"清洁生产"和"适度消费"的理念有助于缓解人类过于依赖物质产品的状况，从而有效推进社会可持续发展。服务设计以物质产品为基础，以用户需求满足为中心，从单个系统"要素"设计过渡到系统"关系"设计，旨在创造一种用户、企业、环境等方面多元共赢的"服务"模式，如共享汽车、共享单车服务设计缓解了城市出行压力和废气排放数量，同济大学设计团队和沃尔沃（VOLVO）合作探索清洁能源城市公共交通能源城市公共交通服务模式和生态系统。

三、服务设计的知识观比较

（一）服务设计知识范式

设计史学者理查德·布坎南（Richard Buchanan）认为"设计不仅是专业实践，还应当作一门集社会、文化、哲学等研究于一体的学科，通过运用其他学科门类知识与方法来探索设计是富有挑战性的。"[1]2017年世界设计组织（World Design Organization，WDO）重新定义设计概

---

① 理查德·布坎南.发现设计：设计研究探讨［M］.刘存.等，译.南京：江苏美术出版社.2010：1

念：设计是将策略性解决问题的过程应用于产品、系统、服务及体验的活动，它是一种跨学科专业和通过输出物对社会、经济、环境及伦理方面问题的回应。因此，设计是以对社会积极响应和系统性影响为目标的跨学科实践。

哈佛大学设计学院原院长彼得·罗（Peter G.Rowe）曾归纳设计思考有三种知识范式，且前两种正在融合和转向第三种，即"建筑、城市及其他设计一是被看作与某一假定社会或人所处世界的阐述有关，二是被看作与其自身及构成元素关联，三是被看作与人类行为科学、制造工艺及稍后的环境管理领域探索。"[①] 卡耐基·梅隆大学教授恰安（Cagan Jonathan）等人归纳了产品创新三个关键因素是"识别产品机遇的能力，把用户需求深刻理解转化成决定产品属性的可行性见解和思想，工程、设计、市场的真正协调统一，并构建了SET(社会–经济–技术)系列因素。[②] 如图1–10所示。

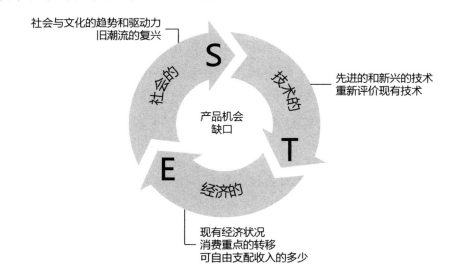

图1–10　SET（社会–经济–技术）系列因素

本图来源：Jonathan Cagan，Craig M.Vogel.创造突破性产品：从产品策略到项目定案的创新［M］.辛向阳，译.北京：机械工业出版社，2004：8.

---

① 彼得·罗.设计思考［M］.张宇，译.天津：天津大学出版社，2008：169–170.

② Jonathan Cagan，Craig M.Vogel.创造突破性产品：从产品策略到项目定案的创新［M］.辛向阳，译.北京：机械工业出版社，2004：7.

从当前设计实践结果看，服务理论和设计结合是设计创新边界不断扩展的结果，服务设计会考虑社会层面的平等、弱势群体关注等因素，会思考文化层面的地区差异、保存和启发多样性创造，会优化人在环境层面的物质理解，改变消费者物质需求无限制带来的资源消耗困境，改善人的生活系统结构。通过产品服务系统视角思考人的生理、心理、行为相关因素，以求物品满足背后的生态、资本、技术等可持续，其内容与社会、文化、环境、人的互动联系紧密。

因此，服务设计在完善设计思考、深化设计价值的同时，也扩大了设计解决问题的知识结构，需要多学科知识融入。一是服务设计观察、理解方法不仅借用信息技术、工程学、管理学的模型方法、系统分析等帮助深化设计现象洞察，同时也应用到社会学、心理学、人类学、民族志等人文学科的行为研究方法深化使用者问题理解。二是服务设计项目团队经常是工程师、商业调查、设计师、用户等利益相关者联合共事，是多元化、混合学科的工作模式，需要无障碍交流工具和跨学科知识方法支持。三是服务系统设计方案包括服务模式、商业模式、产品平台和交互界面等可视化设计为表面产出、人机环境系统为内在结构支撑，需要选择不同领域的工具和知识。所以，世界软件行业先驱、Visual Basic 之父艾伦·库珀（Allen Cooper）总结其设计公司招聘需求时谈到："有技术支持或编写软件说明方面的经历，使设计师能深刻了解典型用户的需要，受过人类学教育，又在高科技行业工作过的设计师，能把技术知识和他们清晰的思维表达能力结合起来。"[①]

这里列举了携程、亚马逊、滴滴出行、洛可可（设计企业）、阿里巴巴（天猫超市）等部分企业关于服务设计职位招聘，从职位要求中也可以大致了解服务设计方法、知识结构至少包括了用户研究、体验设计、逻辑思维、团队协作、服务创新工具与方法等，如表1-3所示。

---

① 艾伦·库珀.软件创新之路：冲破高技术营造的牢笼［M］.刘瑞挺，译.北京：电子工业出版社，2001：243.

表1-3　企业服务设计岗位基本要求描述

招聘企业	服务设计岗位	
携程 （来源： http：//job. ctrip.com）	岗位描述	用户视角关注用户触点识别，找到问题并优化流程触点；参与部门服务设计质量标准制定、服务质量目标和考核；推进服务改进项目和实施、增加客户价值。
	岗位要求	本科以上；2年以上经验；抗压能力强；较好学习能力
亚马逊 （来源： http：//www. yingjiesheng. com）	岗位描述	从用户体验（Customer Journey）对行业趋势和现状等信息研究，完成分析报告；依据用户旅程图（Customer Journey）方法和模型提出洞见和设计提案；撰写英文文档、报告
	岗位要求	本科以上学历，用户体验设计、服务设计、交互设计优先；熟练掌握相应设计思维方法及工具；较强沟通能力；流利英语沟通和写作能力。
滴滴出行 （来源： http：//talent. didiglobal. com）	岗位描述	针对业务特性挖掘需求，规划和实施服务设计方案；完善服务流程，服务设施和设备；深入挖掘用户诉求、设计个性化、场景化服务方案。
	岗位要求	本科以上学历；服务行业为主，不排除其他相关零售服务行业；良好文案能力、逻辑思维能力；良好沟通协调能力、学习能力。
洛可可科技有限公司 （来源： http：//www. lkkdesign. com）	岗位描述	帮助创新平台服务和商业模式；打造产品游戏化体验解决方案；创造用户体验解决方案；帮助传统企业做好产品和服务升级。
	岗位要求	产品设计、交互设计、服务设计等相关设计专业本科以上学历；2年以上相关经验，对服务设计、用户体验、互联网思维、产品创新有理解；良好沟通能力、团队合作、抗压能力。
阿里巴巴（天猫超市） （来源： https：//job. alibaba.com）	岗位描述	协同客户体验团队、物流供应链团队、体验设计等各角色，提升客户整体满意度；负责天猫超市等业务全链路物流履约场景、全链路客户服务体验中整体设计；在业务理解、设计呈现、方案整合和推动上有较好表现；能独立承担项目，负责天猫超市多个模式全链物流场景创新、客户体验场景体验优化、零售服务设计体验标准制定。
	岗位要求	5年以上用户体验、服务设计相关经验；具备服务设计思维，能从全链路、多触点、多角色等发现、定义和解决问题；熟悉服务设计工具及方法，快速创新提案能力、多元化设计呈现和输出能力；良好沟通、团队合作能力、抗压能力强。

以 IDEO 为改善美国凯撒医疗（Kaiser Permanente）机构就医服务项目为例，其设计团队组成人员涉及多学科背景专家，设计服务过程中也积极引入不同利益相关者参与，从问题发现、服务方案的提出到设计呈现方案的能明显看到相关学科对服务设计的支撑价值。该项目团队由社会学专家、设计师、建筑师、工程师、心理学学者组成观察小组分析病人接受医疗检查过程，并邀请了医院护士、医生、设备操作人员参与观察。

经过7周的共同探讨，形成多学科问题理解清单，如建筑师从医院空间使用情境分析问题，提出"医院排队等候漫长、候诊室不舒适、病人与家属在接受检查前就已经变得相当烦躁、医生和助手座位分开太远"等问题。认知心理学学者从就医过程中心理体验分析问题，指出"病人，特别是老人、小孩及外国移民在就医时身边经常有家属或朋友陪同，但陪同者不允许留在病人身边，使得病人感到害怕和担忧"的问题。社会学专家从患者社会行为层发现了问题，指出"病人处在可怕的针头环境里，讨厌检查室氛围，且检查前需要一个人半裸躺着超过20分钟等待，没有考虑病人在此无聊期间的糟糕经历"的问题。最后，设计师们根据不同学科知识分析，从提供更舒适候诊室、有明确指示牌休息大厅、容纳更多人检查室、配上保护隐私窗帘、为医护人员设计专用走廊，提高工作效率等多方面进行服务设计方案创新。

（二）产品设计观与服务设计观

服务设计是产品设计的延伸和拓展，它以物质产品为基础，从产品使用延伸到产品功能服务系统，个人使用行为到使用系统关系梳理目的是使产品及产品提供的服务更加符合用户特征。清华美院王明旨教授曾提到"亚文化群体不断扩大，产品消费方式由推广式转向服务化引导、产品价值转向用户价值。在互联网环境下，企业通过非物化消费、服务方式等内容创造新的产品赢利点和用户价值。"[1]产品设计观和

① 王明旨.大数据时代下"互联网+"对创新设计产业的影响［J］.设计艺术研究，2015（5）：10.

服务设计观相同点是以用户需求为核心，解决用户使用问题、满足人的需求，两者也有一定区别。

1. 关注对象和驱动理念不同。产品设计是"物"的设计，常受技术、材料、感官功能因素驱动，产品形式语义是设计重点。服务设计是产品与人的互动体验过程和"人—机—环境"关系设计，受用户需求和体验驱动，其设计目标不再限于外型、功能、材质与制造，产品成为供人们体验功能与服务特性的平台。[①]即服务设计包括了物的设计、使用方式设计、期望设计。以著名设计师菲利普·斯塔克（Philippe Starck）的外星人榨汁机（Juicy Salif）为例（如图1-11所示），这款经典设计作品经常被拿来从正反不同视角进行分析，有人说很好，也

图1-11　外星人榨汁机

有人说很不好，如果从服务与产品角度分析，外星人榨汁机充分证明了好产品不等于好服务，仅从榨汁需求服务满足（榨汁流程）而言，其榨汁服务效果和使用体验并不理想。但从产品形态、色彩等方面看，这款榨汁机是优秀产品，充分体现精美、时尚、现代、个性等并轰动时尚界，甚至放在家里很容易成为聊天话题。

2. 解决问题深度不同。产品设计聚焦物品本身，追求实体化、标准化质量与功能结构设计，设计问题限制在批量化、标准化条件下实现优良"人—机系统"，产品创新是解决用户如何拥有物品和功能，虽然设计创新过程也考虑"社会—经济—技术"因素，但"人—机系统"和"社会—经济—技术"是作为产品内外属性分开理解，如绿色设计、人性化设计等概念，无法真正解决物品相关的生态商业模式、个性化

---

① Marc Stickdorn. 这就是服务设计思考［M］. 池熙璐，译. 新北：中国生产力中心，2013：55.

服务体验等适应问题。服务设计专注于物的使用需求，打破了用户与产品间的隔阂，将环境、行为、流程、产品等相关要素综合考虑，服务设计的最终结果既可是有形的，也可是无形的，它强调整个使用状态或过程中的系统考量，可以根据不同对象设计不同服务方式，具有个性化与自主性，如可持续设计、体验设计、非物化设计等。图 1-12 分别比较了两种设计观的关注中心、设计目的、设计结果及参与者。

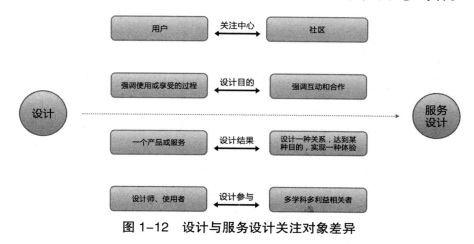

图 1-12　设计与服务设计关注对象差异

现在，服务设计理念已逐渐成为企业产品设计和用户体验创新的新方法和趋势，它与传统设计模式在理念上有很大区别。形成"有形产品"服务系统设计和"无形服务"设计。从设计实效看，传统线性模式下的产品设计流程以企业和设计师为主导，关注市场、产品方案、生产实现、设计中相关利益者对物品的参与度很低，且只是被动进入概念阶段。以服务为中心的设计更看重服务内容和质量的改善，以服务加强产品与用户的互动来获得成功。而服务设计所有环节（概念开发、服务模型、物品设计）都围绕用户及相关者展开。

表 1-3　设计的用户研究方法

方法	成　本	数据分析	使用阶段
竞品分析	中	定量分析 / 定性分析	需求阶段
焦点小组	高	定性分析	需求阶段
田野调查	较高	定性分析	需求阶段
纸面原型	中	定量分析 / 定性分析	概念设计
卡片分类	高	定量分析	概念设计
用户测试	中	定量分析 / 定性分析	方案评估与迭代
问卷调查	低	定量分析	方案评估与迭代
调查访谈	较高	定性分析	方案评估与迭代
日志分析	低	定量分析	方案评估与迭代

注：定量分析指依据大量统计数据分析，定性分析指依感官判断、经验等分析。

以企业、设计师、用户和相关利益者的协作为纽带，关注服务提供时间、地点、方式和内容，将产品与服务有机结合。利益相关者在设计考量中能见度和参与度较高。如图 1-13 所示。

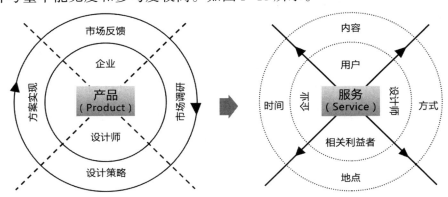

图 1-13　服务设计与传统设计的差异

第2章　服务设计的思维创新

一、服务导向的设计思维

（一）服务设计的思维特点

设计思维早已有之，如中国古代《考工记》三材法、墨子"节用"思想、现代设计视觉形态创新（流线型设计）等。今天，设计思维演变为设计创新思考模式代称，是一套解决问题的方法理论和工具集合。如罗杰·马丁（Roger Martin）《商业设计：通过设计思维构建公司持续竞争优势》一书用设计思维探索动态平衡理性分析思维和创意直觉思维冲突，借助程式阶段打造产品、服务突破性创新。鲁百年《创新设计思维：设计思维方法论以及实践手册》一书（2015）认为设计思维可以参与企业竞争、公共服务、社会问题的解决，但需要有相应工具和方法论，包括全局分析地图、商业模式画布等。这种转变来源于设计情境从有形设计（平面、产品、空间）扩展到无形设计（服务、体验、交互）。辛辛那提大学商学院教授辛迪·特里普（Cindy Tripp）在《商业评论》（2016年第2期）"什么才是设计思维"中将不同设计观点归纳"为最优而设计"和"为对话而设计"两种类型，分别对应"为解决问题的设计"、"为重构问题的设计"两类设计思维。

因此，设计思维是一种综合了产品、服务、结构、空间、经验以及包括由设计者获取相关事物所组成的复杂系统进行设计的方法[①]。结合服务设计定义描述可以看出，服务设计是设计思维演化趋势和结果之一，是实现设计创新的新方式和新途径。

（一）服务设计社会化思考

社会性问题广泛存在于经济发展不同阶段和社会生活中，如生态问题、老龄化、资源短缺、公平医疗等，这些复杂现实问题的解决涉及经济、社会、城乡、国家和环境的系统考虑和社会创新探索。所谓社会创新指为满足社会需求而进行的创造性行动和服务，它起始于发现一些未被解决的社会问题有可能通过新方法解决[②]。设计思维提倡"社会化思考"，即好设计不仅与技术和质量有关，还包括产品形成具有号召力的生活方式与服务。现在，从产品到服务体验的设计思考正在社会各个领域显现，过去十年里，商业公司、非盈利组织、政府公共服务部门等都注意到服务创新的重要性。社会创新方法来自看待问题、分析问题和解决问题的思维方式，麻省理工学院和 IDEO 提出社会创新的设计思维（Design Thinking）概念，将设计定义和思维边界从室内、建筑、产品等专业领域转向以社会、服务、系统、战略等为核心。米兰理工大学设计学院联合中国多所高校建立可持续设计社会创新联盟，探索社区服务、城市空间的公益创新。哈佛大学社会创新种子社区（Harvard SEED for Social Innovation）用设计思维为贫困地区改善用电资源。这些都是服务设计的社会创新思维行动。哈本哈根互动设计学院 CIID 总监 Simona Maschi 认为服务设计思考是涵盖制造商和零组件在内的所有企业应有的态度，通过创造不同零组件、服务和地方的网络迎合人们日常所需[③]。

---

①　李彦.设计思维研究综述［J］.机械工程学报.2017，53（15）：2.

②　杰夫·摩根.社会硅谷：社会创新的发生与发展［J］.经济社会体制比较，2006（5）：6.

③　Marc Stickdorn.这就是服务设计思考［M］.池熙璿，译.新北：台湾联合发行股份有限公司，2011：3.

因此，服务设计是通过创造新模式、产品和服务的设计方法解决企业、政府、社会和人类生活所面临的复杂环境与问题挑战①。IDEO 总裁布朗·蒂姆（Tim Brown）曾在 TED Global 中专门讲述设计社会创新思维应用到不同领域解决儿童肥胖到预防犯罪、气候变化到非洲贫困的广泛社会问题。2018 年杭州第二届世界工业设计大会上，中国工业设计协会、联合国工业发展组织、工信部联合发布《设计扶贫宣言》，进一步肯定了设计介入社会问题解决的价值。

懒人鞋品牌"汤姆布鞋"（Toms）的创立就是一个由设计师发起的社会创新思维项目。2006 年美国设计师布雷克·麦考斯（Blake Mycoskie）旅游到阿根廷，发现城市郊区穷苦孩子们不仅受疾病威胁、教育权利缺失折磨，许多孩子一双鞋子都买不起。这使他产生为孩子们寻找帮助的想法，他结合阿根廷传统布鞋结构和式样特点，设计了一款简单易搭、穿着舒适的 Toms 品牌布鞋，向购买者推销并承诺每卖出一双 Toms 鞋，就为全球贫困地区的孩子送一双鞋。麦考斯的产品设计与服务思考方式很快被市场所接受，Toms 鞋也迅速流行。此后，麦考斯还进一步拓展这种思考方式，"卖一捐一"模式不仅仅是鞋，还启动"Toms 护眼行动"，每销售一副眼镜，就支持一名看不起病的眼病患者恢复视力。

如果搜索类似产品品牌，可以发现不少"买一捐一"成功的商业模式，如希瑟·哈森（Heather Hasson）创办的 FIGS 领饰公司（Fashion Inspired Global Sophistication），起源于越南、非洲等贫困地区，看到儿童上学困难问题，他提出每售一条领带就为贫困儿童捐一套校服。这些产品服务创新都来自社会性问题思考和跨领域思维尝试，如图 2-1 所示。

---

① 罗伯特·格林.社会创新：应对当代社会挑战的方案：理论和实践的概念定位［J］.才凤伟，译国外理论动态，2015（7）：87-98.

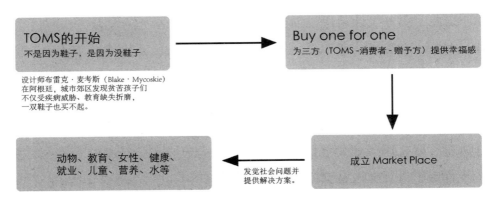

图2-1　产品服务的创新思考方式

　　经常，一些项目难以为继是因为设计结果不是建立在用户真实服务需求基础上，甚至可能没有测试用户反馈，有些即便真的接触用户，设计者也往往事先就假定了用户真实需求和解决方案是什么。不论在商业还是社会领域，这种有明显缺陷的做法仍被普遍使用。事实上，不少为公众服务的社会产品的失败原因就是忽视了服务设计思考。所以，米兰理工大学设计学院埃佐·曼奇尼（Ezio Manzini）提出设计社会创新是关于产品、服务和模式的新想法，它们能够满足社会需求，创造出新的社会关系或合作模式[①]。

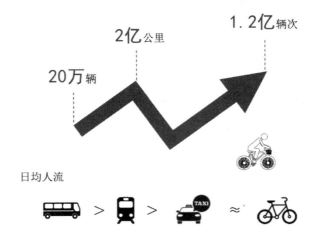

图2-2　武汉摩拜单车出行数据（2017年上半年）

---

① 埃佐·曼奇尼.设计，在人人设计的时代［M］.钟芳，译.北京：电子工业出版社，2016：13.

以武汉公共自行车租赁服务项目为例，为解决城市居民"最后一公里"难题，武汉市在2009年将公共自行车服务系统列为2009年政府"十件实事"之一，受到居民热烈欢迎，该服务项目高峰时达到100万人办理租车卡，甚至一度成为武汉城市建设名片，吸引了杭州、太原、合肥等城市管理者来武汉参观考察。但到2014年初这一服务系统基本瘫痪，后来改由武汉环投公共自行车服务有限公司接管，租赁公司重新设计和改进公共自行车式样及功能，允许市民骑行一小时内免费，1小时后再按每小时1元收费。并专门开通手机 App 租车功能，增加街头充电应急服务。可见，武汉环投公司为优化公众使用体验做了不少努力，虽然截至2017年3月累计骑行达6000万人次，但相比武汉1千多万城市人口数量和每天旺盛的出行需求（图2-2为2017年上半年武汉摩拜单出行数据），该服务项目使用率显得很低，最终在2017年年底宣布停运。造成失败的因素有多方面，如共享单车的冲击、雨天骑行影响等，从服务设计创新思维看，公共自行车服务项目从开始就过于关注服务载体（自行车），忽略了解决骑行服务关键问题，即如何提供骑行服务（在哪儿骑行、如何骑行、骑行体验是否愉快）。

2015年，武汉民间环保组织"绿色江城"发布一张武汉市中心城区（主干道、桥梁）绿色骑行图，如表2-1所示。

表2-1　武汉市绿色骑行道路状态数据（2015）

线路里程	263 公里	411 公里	179 公里
骑行状况	畅通骑行	路况不好，无标识，有占道影响骑行	人与机动车共用一条道
里程占比	31%	48%	21%

注：中心城区65条主干道、9座桥梁，总共853公里（道路往返）。

由上表数据可以看出，2015年时的自行车道路骑行道路是较糟糕状态，即使公共自行车产品设计足够好，租赁方式和服务内容让人喜欢，但缺乏专用车道的骑行注定是身体和心理都很难受的体验过程，也必然降低市民骑行出门的意愿，在市区道路上更多是图2-3、图2-4所见的骑行场景。不少道路缺乏自行车道，或自行车道被临时停放的汽车与电动车占用，自行车骑行者作为道路弱势群体穿行在电动车、摩托车、小汽车等中间非常危险。

图2-3　自行车道路骑行现状　　　　图2-4　自行车道路骑行现状

　　事实上，城市骑行有做得比较成功的案例，2015年丹麦首都哥本哈根被评为全球骑行最友好城市，整个城市48%居民的出行方式为自行车，政府向市民推行自行车绿色出行效果显著，但当地居民选择自行车出行不仅是响应政府，更因为出行基础设施设计与保障措施完善，城市基础建设费用近三分之一分配在自行车设施建设上，形成了友好、高效易达、安全舒适的骑行生态系统。具体体现有：安全设计上通过自行车道抬高处理，设计物理隔离带、建造骑行道专用排水设施，使道路骑行者不受机动车影响、无停车干扰，保障骑车人的道路权，这与中国当前城市自行车道被随意侵占形成鲜明对比。

　　针对交叉路口安全性弱的问题，城市规划者在路口专门设计了自行车信号灯，避免自行车与转弯车辆抢道和摩擦，提升自行车道和机动车道通行能力。此外，城市管理者在调查中发现不少人长距离骑行需要转运自行车，2010 年又增加乘客免费携带自行车坐地铁、火车等公共交通的便捷措施，甚至大型转换站点、人流密集区域还专门配置地上与地下自行车停放点。相比前面武汉公共自行车租赁服务，可以理解其失败是必然，城市建设不改变传统街区式车道设计思维定式，围绕骑行服务展开建设，无论道路规划多么完善、自行车租赁网络多么便捷，仍将难以实现绿色骑行的目标。服务设计创新思维是基于物品思维的拓展，从物品背后需求寻找问题解决方式，如图 2-5 所示。

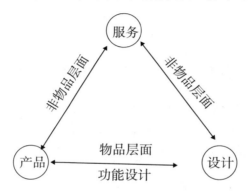

图 2-5　服务设计创新思考层面

再以同济大学设计学院在上海市崇明区仙桥村开展的"设计丰收"项目为例，这是一个典型的设计思维创新项目，以设计主动介入城乡不平衡、解决中国农村发展问题为目的。在物理层面以仙桥村真实环境和发展问题为背景，组织本校教师、硕博士生、意大利米兰理工大学、芬兰阿尔托大学学者以现场 Workshop 形式探讨乡村资源开发，将"三农价值"从物的价值设计拓展到文化、经济、教育价值上，通过协同设计（Co-design）实现创意、技术和商业模式的整合，链接城乡资源和需求，如图 2-6 所示。

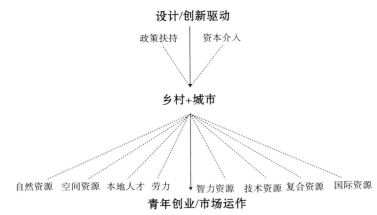

本图来源：designharvests.com（设计丰收项目平台）

本图来源：娄永琪.面向可持续的设计：设计工具、理论和方向［J］.创意设计源，2016，（5）：22-25.4.

图2-6　"设计丰收"项目资源架构

　　内容协作上以解决硬件层面的乡村风貌、经济生产为主，软件层面包括人居关系、城乡互动、乡土文化，如处理村民与村民、研究者与村支书及乡镇级政府、乡村与城市互动、本地居住者与外来旅游者的关系。最终成果上实现系统性改变激活城乡关系，创建"禾井"和"田埂"两个服务案例，搭建了一个城乡创意协作网络，以发掘、改良、提升方式帮助仙桥村吸引设计创意社群进入、年轻创业者来农村创业，推广了乡村生产和生活方式，把体验、环境、知识变成商业模式，其现场活动如图2-7所示。

图2-7　"设计丰收"项目现场

本图来源：娄永琪.面向可持续的设计：设计工具、理论和方向［J］.创意设计源，2016，（5）：22-25.4.

（二）服务设计思考分析法

设计师思考行为与创新模式看似无规则，但从解决问题视角仍可识别出设计师在有限理 性状态下创造性解决问题的基本思考特征，这种有限理性状态就是设计思考工具和分析方法。从斯坦福大学 D.school、MIT 媒体实验室到 IDEO、IBM 等知名企业，不同组织对设计 思维的理解不同，设计思考模型也不止一个。如格式塔理论"心理图式"解释了创造性视觉思 维、"刺激—反应"行为范式解释产品使用影响因素、阿莫西《设计入门》中归纳的设计创新范式（如图 2-8）、"手段—目的"分析法、事理学方法（柳冠中）、情感设计三层次（唐纳德·诺曼）等，这些思考工具和分析方法提升了设计思考水平和深度，形成设计创新的特定认知模 式和思考行为。

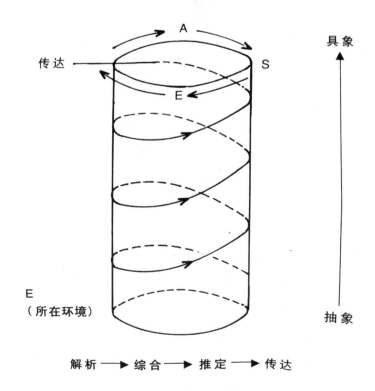

解析 ——→ 综合 ——→ 推定 ——→ 传达

图2-8 阿莫西设计创新思考范式

本图来源：彼得·罗 . 设计思考［M］. 张宇，译 . 天津：天津大学出版社，2008：54.

宝莱恩（Andy Polaine）认为"客户体验的服务是整体的、全面的、评价服务好坏来自于其接触的所有服务综合考量，由很多触点互动组成，服务质量通过这些触点共同作用客户。如图 2-9"[1] 服务设计是产品设计的功能延伸与拓展，将单一"人—产品"概念扩展到产品服务系统构建的人、环境、物的所有接触点，如图 2-9。这里重点引入"5W 分析法"作为服务设计系统思考工具。

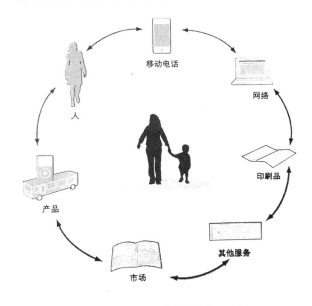

图2-9　服务体验触点互动

本图来源：宝莱恩.服务设计与创新实践［M］.王国胜，译.北京：清华大学出版社，2015：25.

1932年，美国著名政治学家哈罗德·拉斯韦尔（Harold Dwight Lasswell）提出"5W 分析法"（见图2-10），该方法一定程度避免了数理统计工具的晦涩难懂，便于设计研究人员理解和使用，后经过其他学者不断总结，逐步形成一套完整五行的"5W+1H"模式，它提供了以用户为中心的科学的分析方法和认知思路。被广泛应用在企业管理、传播、营销、社会服务、产品设计等人文社科领域。

图2-10　5W 分析法

"5W 分析法"既是思维方法、思考流程，也是帮助发现用户问题或产品服务问题根源的分析工具，用来识别和解释问题影响因素的相互关系。服务设计连接环境、人和产品的互动，不管是有形产品，还是非物质的无形服务，中间涉及诸多复杂因素与环节。在服务设计要素分析中，此方法非常有效，有助于对服务体验问题实现合理的深度思考。科尔伯恩（Giles Colborne）依据"5W+1H"归纳了故事化描述用户体验问题可以从三个层面进行，即可信的环境（时间和地点）、可信的角色（谁和为什么）、流畅的情节（什么和怎么样）[1]①。概括起来，服务设计涉及个人、商业和社会三者关系，个人需求与社会通过商业行为和媒介产生关联。从设计实践角度而言，服务设计要考虑用户、商业模式、服务过程与技术三者关系即用户（人）、服务体验情境、产品服务价值、产品服务、实施五个要素，每个要素分指不同的内容（图2-11），具体内容见表2-2。

人（Who）：用户是整个服务过程核心因素，设计以"人"为出发点，服务设计里的"人"包括服务供应者、被服务者（用户）和合作伙伴等，他们在其中扮演着不同角色，服务供应者和用户是平等的合作关系。

---

① Giles Colborne. 简约至上：交互式设计四策略 [M]. 李松峰，译. 北京：人民邮电出版社，2011：42.

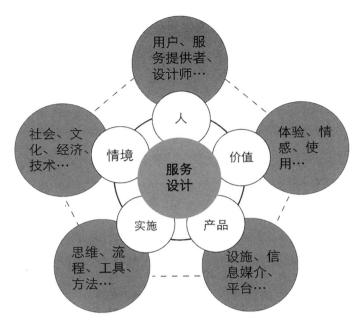

图 2-11　服务设计要素关系

产品（What）："What"即什么样的服务，服务设计一般以产品、工具、方式、设施和平台等为对象，。如火车站自动售票机、电信运营商信息平台等都是服务实现的载体和表现形式。

情境（Where）：指服务产生和完成的空间或地点，回答服务在"Where"发生，包括有形环境和虚拟环境，如超市、移动终端。环境服务由空间和相关指示性线索（符号）组成。

实施（How & When）：即服务是如何进行，服务的各个阶段和过程应该产生在什么时候，服务过程中所体现的"怎么样"和"什么时候"都是可以被设计的。

价值（Why & Value）：为什么要进行服务设计及如何实现用户价值。通常将不同利益相关者关注点结合起来，利用服务设计创造价值共赢。具体内容见表2-2。

表 2-2　服务设计要素简介

服务设计要素	要素概念	目的	备注
人（Who）	服务供应者、用户和合作伙伴等	以"人"为出发点	服务供应者和用户是平等合作关系
产品（What）	一般以产品、工具、方式、设施和平台等为对象	什么样的服务	服务实现的载体和表现形式
情境（Where）	服务产生和进行的空间或地点	服务在"Where"发生	包括有形环境和虚拟环境
实施（How & When）	思维、流程、工具、方法	服务是如何进行及服务的"When"	服务过程中体现的"怎么样"和"什么时候"都可以被设计
价值（why & Value）	情感、体验、使用	服务设计的"Why"	为双方创造最好价值，降低成本

　　服务设计在不同应用领域因具体情境和需求差异有不同侧重，但设计要素基本一样。服务设计要素是按特定流程和行为规范实现体验创新功能，其要素范畴有前台与后台两部分。前台指与用户直接接触内容，这是服务设计重点，主要包括了有形产品和无形服务，具体又可以细分为三类：服务要素、环境要素、物品要素。其中，服务要素指具体设计方案、产品体验内容、评价标准，如用户情感、使用感受等。环境要素指用户使用空间设计，包括服务场所布局、服务设施分配等。物品要素指用户拥有和接触的物质产品。后台服务设计要素是指支持前台服务顺利实施的相关规范、间接利益人、技术等。基于服务设计要素和实践，可以描述出服务设计应用范畴。

二、服务设计思维边界

　　当前，设计思维对产品创新和公司发展价值越来越大，服务设计思考至少映射了设计思维两个层面，它既指产品设计的创新理念变化和"使用"本身不再是重点，也指设计思维的应用扩展。如蒂姆·布朗认为多数企业面临两类挑战"如何将设计师用来解决问题的创造性技巧纳入公司更大范围的战略性创新项目中去，以及如何让更多员工采用设计思维来考虑问题。"[①] 这里主要侧重前者视角变化展开。

（一）设计思考中心从物到关系的扩展

设计物化思想过于关注形式语言、追求视觉效果和市场问题，淡化了洞察人的行为科学、调研分析、换位思考、技术可能、服务系统等设计关注中心"物到关系"的转移是借用了历史学家汤因比（Toynbee）的"去物"哲学概念，指智能计算、"互联网+"对产品设计的影响，催生了另一种设计形态，物品存在方式、设计手段、使用功能和形式有走向非物质性的趋势，设计领域也逐渐从有形物向无形服务转变，在这个转变过程中，服务设计概念应运而生。学术界把产品到服务的转型称之为"服务化"（Servitization），这个词语形象描述了服务的趋势和价值，该词最早在西班牙格拉纳达举行的2013年Servitization Conference 学术会议上提出，蒂姆·贝恩斯（Tim Baines）在著作 *Made to Serve*: How Manufacturers Can Compete Through Servitization and Product Service Systems 中提到服务化是以服务为导向的竞争战略。

在智能社会情境里，设计重心不仅反映在具体物品上，更体现在围绕产品的信息交互与服务设计上，即信息时代的设计不仅与技术和质量有关，还包括产品形成的生活方式与服务。过去，企业和消费者都认为高效地制造和拥有优质产品是成功的标志，但现在产品被定义为传递和消费服务的产物，制造商与用户的关系发生变化，进而影响到产品设计、生产、销售和维护的各个环节，用户购买产品也会考虑损坏时的维修和废弃时的处理，企业与用户都意识到责任共担的需要。

---

① 蒂姆·布朗 .IDEO：设计改变一切［M］.侯婷，译 .沈阳：万卷出版公司 .2011：152.

设计师运用设计方法和手段帮助用户及利益相关者找到更合理的生活方式，这不仅有助于从生态角度探索可持续生产与消费，还扩展了设计的社会功能与价值。

工业时代的设计遵循二元对立的逻辑原则（功能与形式）和思考方式，而微电子革命及新材料的发展冲击了设计的二元对立逻辑，产品背后的技术变得小巧、可靠且价廉物美，以至多数时候似乎是一个间接作用，材料束缚力大大降低，越来越多的产品走向智能化、扁平化，形式与功能不再是严格的表现与被表现关系，产品变成"有思想的机器"，产品功能变成一种超功能的服务与情感体验关系，如 E-mail、智能手机等，形式非物化和功能超化使得设计向精神层面接近，即情感、体验、伦理、社会等一套抽象的关系内容。柳冠中教授认为要从单个物的系统"要素"设计扩展到对系统"关系"的总体设计。因此，设计超出衣食住行的生活和生产范畴，延伸到社会公共产品、服务和非物质领域，设计需求演变为对社会与人的关系认知。以耐克产品为例，其"Nike+"项目是典型的"去物化"服务设计思考。

1. 耐克"去物化"设计特征

首先，耐克以产品为载体的服务设计变化，人们期待产品在具有实用性的同时，还能带来一种服务体验。耐克设计将焦点从产品外在物质形态（材料、色彩、形式、结构）转向消费者运动生活和整体交互方式，带来个性化乐趣，体现了物品设计走向信息智能、实体设计走向载体设计的趋势。如耐克推出的自我定制服务（Nike ID）、音乐跑步鞋（Nike+iPod Sport Kit）、刺客系列（MV Super Fly）等都是将信息技术融入产品体验，在每双刺客系列跑鞋中都植入了一套"Nike Soccer+"，这是一种数字教练员程序，人们打开程序开启密码后，可以储存运动中的相关数据，通过互联网或 iPhone 上传给专业指导者，这意味着人们购买的不仅是鞋，更是提高锻炼水平的信息软件和交流工具。

其次，耐克设计对产品以外的"非物"责任承担，其产品设计不再仅是视觉刺激和功能翻新，更侧重服务过程中的社会效应和用户行为。近年来，耐克一方面关注产品的社会服务责任，如通过 Considered Design、GreenXchange 项目减少有毒废料，提出闭环（closed-loop）业务模式。另一方面通过"运动推动社会变化"战略，帮助人们重新理解运动在培养社会企业家、社区创新方面的作用及推动社会、经济和文化积极变化的能力。如耐克与 Grassroot Soccer 在非洲的合作项目，2008 年与合同制造商发起"鞋袜能效"项目，2009 年成立"创新气候与能源业务政策"（BICEP）消费品公司同盟。

2."Nike+"运动产品服务设计演进

（1）自我服务：基于产品的服务设计

自 20 世纪末开始，耐克将以产品为基础的结构模式改为"顾客导向型"的产品分类，代表着从产品设计和制造转向用户服务为中心。1999 年，耐克开发了网上定做服务系统（Nike ID），让客户定制自己的 Nike 产品，用户在网上设计颜色、材质、形态，加入个性化符号，成本只比专卖店贵 10 美元，而且三个星期就可拿到成品，这是一项充分展现个人创意的服务。现在，耐克进一步完善设计服务，正尝试建立 DTO（Design-To-Order）的设计生产模式，通过汇集消费者个性需求，形成定制信息流，设计和生产中心将此融入产品，或直接邀请消费者参与新产品设计。

2006 年，耐克与苹果合作打造音乐跑步，通过把跑步运动和 iPod 连接，让运动者能听音乐、了解跑步距离、时间和体力消耗等，在跑步过程中，"Nike+"鞋的传感器与苹果 iPod（R）nano 连接，不断接收速度、距离和能量释放的实时数据并语音反馈给运动者，以便调整个人状态，枯燥而寂寞的跑步运动因此变得丰富有趣。此后，耐克进一步将数字化和交互扩展到更多运动产品和网络平台，并获得巨大成功。2010 年，耐克设计了"Nike+ GPS"应用，将 GPS、重力感应等传感器芯片集成到运动产品和 iPhone 手机，实现手机上的"Nike+"功能，借助 GPS 定位、重力感应在地图上记录速度、距离、路线，"Nike+ GPS"还可以随运动内容和环境变化播放不同音乐。

此外，耐克还积极关注社会问题，围绕耐克产品展现社会服务功能，如参与和协助零售商、供应商实现环境保护责任，启动"产品社会责任"行动，让耐克产品和服务更有社会责任感。具体方式有"鞋子再用"，回收旧运动鞋后转变为运动设施的表层材料；"再生瓶 T恤"，回收塑料瓶制作 T 恤等。

（2）协作服务：基于公共平台的服务设计

随着信息技术日趋成熟和消费群体数字生活的影响，耐克又积极转向数字化产品服务，以产品为载体，打造基于网络公共平台的运动服务设计，最典型案例是 2012 年与 Tomtom 合作发布了"Nike Fuel Band"手环，开启"Nike+"运动数字化生活。戴在腕上的 Fuel band可以随时测量个体日常活动的能量消耗，包括运动时间、步伐频率等，并创造性提出能量测量单位"Nike Fuel"。"Nike+ Fuel Band"的点阵屏有 20 个 LED 彩灯，手环运用加速度测量技术随时将手腕动作传导的信息显示到屏幕上，用户可以自定义每天的活动任务或希望消耗的 Nike Fuel，通过内置 USB 和蓝牙上传运动数据到"Nike+"社区和智能手机，记录和跟踪目标活动的进展，当活动量逐渐接近用户定义的目标时，显示灯会发生从红到绿的变化。

2013 年，耐克又将"Nike+"整合到篮球和训练类产品，推出"Hyper dunk+"和"Lunar TR1+"，有针对性开发了移动客户端篮球款"Nike+ Basketball"和训练款"Nike+ Training"，"Nike+ Basketball"增加了压力感应器用来测量跳跃高度，同时还增加了一些专业运动概念，如扑腾乱挤数值，用于篮球比赛中的活跃计量，自我展示模式可以把记录的运动数据变成影片，通过网络平台分享。而训练款"Nike+ Training"主要是提供一些训练项目库，集成了世界顶级运动员的训练数据，为运动员和用户提供运动状态修正和训练指导，也可以将运动数据上传到网络社区的排行榜，激励个人不断提高运动水平和挑战自我。随着耐克运动平台的不断扩大，2013 年，耐克将 iOS 应用"Nike+ GPS"移植到安卓平台，使得"Nike+"市场影响进一步扩大，充分体现了基于服务性心理的产品平台与协作设计模式。

耐克的创新与成功不仅是运动产品的性能提升和数字化设计，"Nike+"的核心更在于建立了线上社区平台和庞大的用户数据，一是以"数据＋圈子"方式鼓励人们积极参与各种团队健身活动，二是通过开发趣味小游戏激励用户每天适当运动。运动者可以测量运动时间、步伐、能量消耗等数据，还能将运动数据上传到"Nike+"社区，与社区其他人交流运动心得，耐克会聘请专业教练在社区指导人们。耐克将"Nike+"变成了运动者的生活群落，通过协助消费者管理运动数据和朋友系统，紧紧地将运动爱好者固定在耐克商业版图。因此，"Nike+"是一种基于网络平台的运动服务，将实体运动与虚拟社群融合，通过产品智能化，耐克设计了以产品为连接，以网络社区为协作平台的运动产品服务系统。

（3）系统服务：未来基于服务商的设计

"Nike+"掀起一场行业变革，信息化帮助耐克从一家运动产品公司转型为运动体验和健康服务公司，未来会进一步转型为提供运动生活的专业服务商，这在耐克的当前服务内容和公司策略中已有显现。

实体店服务方面，美国和日本的耐克自营店已设立慢跑俱乐部，消费者可以购买产品和成为会员，并有专业教练在俱乐部指导消费者锻炼。网络运动服务方面，"Nike+"掀起一股运动时尚，激发了人们的跑步欲望，耐克也因此拥有了世界最大的跑步社区，会员达300万人，并在持续增加中，跑步里程达20000亿英里。

过去，耐克专注于运动产品技术创新与设计，将服务项目外包。现在，决定耐克的发展因素不仅是技术，更是服务角色创新。因此，2013年，耐克采取"去外包"策略，将外包给麦迪逊邦（AKQA）、埃培智（IPG）的各类服务全部收回，加大公司与粉丝的直接联络，这意味着今后会出现更多具有创新性的运动服务。以跑步方式的变革性为开始，信息化将推动耐克成为一个运动品牌的服务商。

（二）单向思考扩展到整体干预

服务设计思维强调设计的整合作用，设计不再只是单纯的物质设计，还有物质需求背后的服务整合能力和社会观念，包括从设计、制造到用户及社会价值等外部因素的整合设计。故此，设计师工作变成整合产品关系，帮助解决消费者、市场、社会领域的复杂困难。伯恩哈德·E·布尔德克认为"系统论被视为对设计有益的重要学科，通过它培养了学生逻辑化和系统化思考的能力。"[①]在信息环境下，"智慧化"生活需求使得设计关注范围不断扩大，与传统设计的概念和方法产生很大差异，一个显著趋势是设计越来越强调系统、智能化、体验、责任等意义，它帮助创造新的服务或提高现有的服务，使客户觉得更加有用、好用、满意，并且对组织来说更加有效率。"就像电脑和互联网的作用一样，人们容易感受到高技术产品为交流带来的便利，而看不到写信过程与人发生的物质关系，这种物质关系是文化认识、方式体验和效能的认同过程。"

从设计洗衣机的造型到设计清洁衣物的服务系统，从对票面二维码、购票设施等具体物设计到随时随地的移动平台购票，通过扫码及更丰富途径验票的客运服务系统体验设计，设计价值实现由传统"赏心悦目"到"愉悦体验"的升华。随着"产品为中心"到"消费者为中心"转变，消费者观念从注重产品质量、功能、价格转到注重品牌、易用性、体验、愉悦感等服务内容上，这涉及企业如何以产品为基础提供更好的产品系统服务。以苹果公司为例，其产品最大的吸引力在于它建立了完善的线上线下产品服务系统，人们可以方便地使用 App Store 下载需要的各种音乐、游戏等，这正是把握了用户服务需求的产品系统设计案例，这种解决方案包括了物质产品和非物质服务。

近年来，国际设计公司 IDEO、Frog 等提出的"Design Thinking"（设

---

① 伯恩哈德·E·布尔德克.产品设计：历史、理论与实务［M］.胡飞，译.北京：中国建筑工业出版社，2007：190.

计思维）就是一种设计整合的创新思维方式，认为设计思维能应用到不同领域和组织中，帮助解决社会范围里的广泛问题。如他们与宝洁合作"魔力延伸清洁先生"项目，为德国汉莎航空、新西兰航空改善旅行服务体验，帮助农产品企业设计都市农业的未来服务形态等。

以 IDEO 为新西兰航空解决长途乘坐体验问题为例，飞机出行总量中以经济舱为主流，几乎每位搭乘经济舱长途飞行的乘客都会有痛苦回忆，如座位拥挤、长时间蜷缩、腿脚麻木，严重的会引发血栓，老年人身体反应会更加糟糕。从健康角度来看，这已经威胁到乘客身体健康，被称为"经济舱综合征"，俗称"牛等舱"（给牛乘坐的）。但舒适的头等舱和商务舱又票价昂贵。为此，新西兰航空与设计公司合作，重新设计经济舱长途旅行体验。

IDEO 围绕长途旅行服务和娱乐系统进行分析，与乘客、机组乘务人员、顾客进行深度访谈，制作 1∶1 尺寸座位区模型、视频模拟服务场景和体验过程，针对"牛等舱"问题设计了"空中睡椅"概念，当乘客将并排三个座位扶手收起就形成一张简易床，可供 2 到 3 人的小家庭乘客相拥小憩，两人乘客可买两张全价机票加一张半价机票享有整张空中睡椅。在航班视频和娱乐系统平台上增加分享功能，同一趟飞机的乘客之间可以相互分享照片和旅行体验及目的地旅游经验推荐等，改造后的新西兰航空旅行服务体验得到极大提升，并创造了航空新词汇"卧铺舱"（Cuddle-Class），如图 2-12、图 2-13 所示。

图 2-12　"卧铺舱"展开　　　　图 2-13　"卧铺舱"折叠

图片 2-12、2-13 来源：新西兰航空官网（airnewzealand.cn）

三、服务设计思维焦点

服务设计思考对象包括服务受众与服务提供者、服务环境与设施、用户使用流程的体验状态。亚利桑那州立大学服务领导中心奥斯特罗姆（Ostrom）认为"服务设计的重点是将服务战略和创新服务理念融入生活，通过整合各种内部和外部利益相关者，为顾客、员工、商业伙伴和公民打造全方位的服务体验。"[①] 瓦拉瑞尔·A·泽斯曼尔鉴于服务设计跨学科和互动性质，提出服务设计思维核心五项原则，分别为以下五点。[②]

（1）以用户为中心：从顾客视角来设计和体验服务；

（2）共同参与：应尽可能让所有利益相关者参与到服务设计过程中；

（3）流程化：服务应视为一系列相互关联的活动；

（4）有形化：无形的服务应转化为可见的人为展示形式；

（5）整体性：整个服务环境均应得到考虑。

（一）相关利益者思考

利益相关者思考是系统化、动态化理解问题的重要方法，企业管理、日常生活问题等都可以从此层面深入分析。中国军事史上著名的小人物改变战争走向的故事，就是典型的利益相关者影响。公元前607年春，强大楚国指使附属郑国攻打宋国，宋国安排一名叫华元的将军领军迎战，为鼓舞战士斗志，华元将军在战争前夕酒肉犒赏三军，席中有人看见将军的车夫羊斟独自在军营角落啃干粮，就建议华元也赏赐车夫一块羊肉，华元却不屑地说打仗不是靠车夫。不久郑宋两军开战正酣时，羊斟驾着华元的战车直接冲向郑国军营，华元急忙呵斥车夫，结果车夫说了一句流传至今的名言：畴昔之羊，子为政；今日之事，

---

① Amy L. Ostrom, Mary Jo Bitner. Moving Forward and Making a Difference: Research Priorities for the Science of Service [J]. Journal of Service Research, 2010, 13（1）: 17.

② 瓦拉瑞尔·A·泽斯曼尔. 服务营销（第7版）[M]. 张金成，译. 北京：机械工业出版社，2018：189.

我为政。意思是以前分羊肉你说了算，现在驾车我说了算。很快车夫就把马车赶进敌营，华元被俘连带宋军惨败。从利益相关角度看，车夫显然也是战争事件的利益相关者，虽然看似不起眼，被忽视的后果是造成整体利益损失。

利益相关者（stake holder）最早产生于管理领域"企业依存观"研究，经历了"依存观"、"系统观"、"互动观"，代表研究者或机构有：1963年，美国著名的斯坦福研究所（Stanford Researech Institute，SRI）明确提出利益相关者定义，指与企业生存和发展相关的群体或组织。阐释了企业整体利益不仅受管理者、消费者、投资人等直接影响，企业周围相关者也能影响其生存发展。1974年，罗素·艾可夫（Russell L.Ackoff）在《社会再设计》中提出交互计划法（Interactive Planning），指出解决社会问题过程中要吸收利益相关者参与。1949年，弗里曼（Freeman）在《利益相关者管理的分析方法》中将利益相关者（stakeholder）理解为"受到一个组织实现其目标过程影响的所有个体和群体"。此后，各领域学者将利益相关者概念动态演化，形成利益相关者理论的多样性应用。

企业良好产品服务除了有形产品功能及直接提供者，还包括产品功能背后的服务支持系统，如零售商、售后人员等共同建立的产品服务生态系统。服务设计思考借用了企业利益相关者概念，包括弗雷德里克（Frederick）将利益相关者分为直接利益相关者（股东、员工、供应商、零售商、产品用户、竞争者）和间接利益相关者（政府、社会团体、媒体、公众）。陈宏辉（2003）根据利益相关者重要程度划分核心利益相关者、蛰伏利益相关者、边缘利益相关者，如图2-14所示。这些划分思考指导了用户体验设计思考，演化出产品服务利益相关者指与用户产品使用过程有一定利益关系的个人或组织群体，直接或间接影响用户服务流程中的某一环节的互动体验。

因此，利益相关者是研究用户体验和产品服务绕不开的思考对象和重要角色概念。利益相关者分析可以帮助设计师快速识别关键影响者，针对性获取利益相关者意见，协调利益相关者之间的矛盾。服务设计的利益相关者思考主要围绕"利益相关者是谁"和"为什么要考虑利益相关者"可以从"确定—整理—理解"三步展开和可视化分析记录。

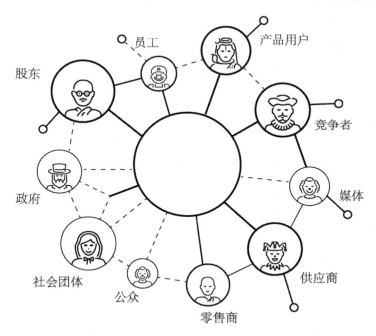

图2-14　弗里曼"利益相关者"图

步骤1：确定利益相关者范围

利益相关者分析的第一步是确定哪些是产品服务的利益相关者。可以采取头脑风暴、列举内外部可能影响者等形式，将相关利益者尽可能全部罗列在纸上。如老板、投资人、设计师、技术人员会直接影响产品服务功能和质量，社区、商场销售者、环保组织、媒体、家人等会从外部影响产品购买和使用体验。

步骤2：整理利益相关者重要次序

当设计团队列出很多与产品服务相关利益者后，还需要进一步分析不同群体对产品服务的影响关系强弱和影响环节位置，以便明确服务体验设计问题关键。设计中一般把利益相关者按照与服务体验联系紧密程度分为核心利益相关者、直接利益相关者、间接利益相关者。

步骤3：理解关键利益相关者

整理好利益相关者相互关系和重要次序后，接下来要对重要、关键性利益相关者展开分析，充分了解他们的态度、诉求、行为、信息和沟通方式，以保证服务设计思考能充分获得支持和解决关键问题。还可以在利益相关者关系图上使用色彩区分不同利益相关者的态度和行为差异，如倡导者和支持者、阻止者和批评者、不明确者等，使利益相关者理解可视化。

（二）服务流程再造

服务设计流程思考借用了管理学的流程再造方法，流程再造（Business Process Reengineering，BPR）最早由美国迈克尔·哈默（Michael Hammer）和詹姆斯·钱皮（James Champy）提出，指以顾客需求和满意度为中心，对企业业务流程及支撑系统、组织等进行再思考和重组优化，实现成本、服务上的大改变。过去，设计师擅长从用户使用角度洞察问题和创新，这种方式可以改善用户与产品接触层的交互体验，但使用前和使用后的交互体验被忽视，即用户体验没有形成完整体验闭环。新加坡国立大学市场营销教授约亨·沃茨（Jochen Wirtz）指出"拙劣的流程设计可能会惹怒顾客，因为这些服务流程传递的通常是缓慢、令人沮丧、质量低劣的服务。"[①]

IDEO 在发现用户体验问题和创新产品服务时，提出可采取将产品服务分解成组合要素或理解为把客户经历分解成不同独立要素。如将机场体验前期分解为：1、通过各种交通工具到达机场；2、找到正确的候机室；3、在检票处办理登机手续并检查行李；4、确认或选择座位号码及确定登机口；5、安全检查；6、抵达指定登机口；7、检查航班时间；8、等待登机通知；9、进入登机通道。[②]

---

① 约亨·沃茨. 服务营销（第8版）[M]. 韦福祥，译. 北京：中国人民大学出版社，2018：215.
② 汤姆·凯利，乔纳森·利特曼. 创新的艺术 [M]. 李煜萍. 等，译. 北京：中信出版社 .2010：196.

这种思考增加了使用前端和后端全流程考虑，围绕服务流程中的所有接触点、利益相关诉求进行设计改善，流程再造的本质要着眼于四个关键特征思考（流程再造的出发点、对象、主要任务、目标）。流程再造的出发点是用户在内外环境变化下的体验需求，再造对象是一系列产品使用逻辑相关行为的有序集合，主要任务是重新设计新的服务流程及体验方式，目标是彻底改善现有问题[①]。

1.服务流程设计思考图

流程图是由约定俗成的形状符号、文字、箭头线组成的，以直观描述用户操作的操作步骤、先后顺序和功能逻辑关系，是产品使用功能的导向性图表，设计师通过流程图了解服务接触点，也可理解为用户操作服务路径。在方案初级阶段，设计师可以使用卡片标注每一步操作触点，在桌面上移动和调整服务流程逻辑。要注意的是，表示业务或工作流程的组织流程图与服务体验流程图有差异。

组织流程图常见于机构办事流程告知、服务过程公告，特征是宽泛、简单，便于办事者理解，没有标准规范的图示方式，主要揭示工作流的走向。服务设计流程图虽然也是使用功能的图形表达工具，区别在于描述对象是服务界面逻辑，图框内容是产品服务功能界面步骤，并由统一的图形符号标识，图2-15是洗衣房自助使用业务流程图。

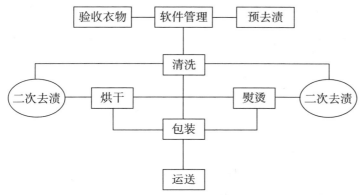

图2-15 公共洗衣流程图

① 葛红光.业务流程再造理论研究［J］.科技与管理.2000（6）：72.

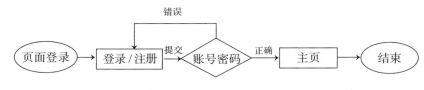

图 2-16　服务功能流程图

设计流程图的基本构成图形如图 2-16 所示。椭圆形表示开始和结束，矩形框表示操作步骤和接触点，菱形表示前提条件或下一步行为的设定要求，箭头图形表示流程完成顺序。

一般初学者设计流程图时容易犯以下错误，一是设计流程图里面不能有系统内部数据逻辑，这与用户操作界面无直接关系，不是用户要思考的事情，如图 2-17 标"×"的矩形是多余部分。

图 2-17　服务功能流程图

二是不要把操作步骤和操作界面混在一起都用矩形表示，如果设计师想把界面信息介绍详细，可以将主要内容放进矩形框内，如图 2-18。

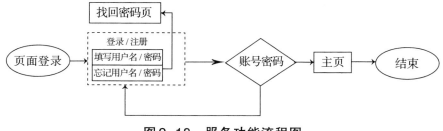

图 2-18　服务功能流程图

2. 服务体验流程思维优化价值

这里以传统就医服务流程和"互联网 +"就医服务流程设计作为比较，可以明显看出服务设计体验的流程优化重要性。

就医是人们生活中的一件大事，随着城市的快速发展，城市人口爆炸式增长，推动了医疗服务的巨大压力。在医疗服务体系中，医院是患者看病最集中、就医体验问题较多的地方，最集中的问题就是"三长一短"（挂号、缴费、候诊时间长，就诊时间短），美国 AC 尼尔森（AC Nielsen）曾对医院就诊服务时间进行过调研，结论是非诊疗时间（排队挂号和缴费、等待就诊、科室奔走）占整个就医时间的75％以上。中国医药经济报也对此问题做过一次小范围调研，结果显示：患者医院就医最不满意的几个方面主要集中在检查、挂号、交费、等待、信息困惑、互信等，见图2-19。这些数据形象地说明患者为就医浪费了巨大精力和非常多时间徘徊在服务流程上，最终造成患者身心疲惫和体验糟糕。

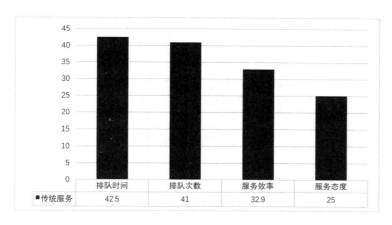

图2-19 病人就医最多抱怨点

事实上医疗机构并非不想给用户提供最好服务，医护人员也深感"工作压力大、工作任务多"。从问题的关系结构看，主要是以下原因造成"三长一短"现象：一是病人就诊时间过度集中，70％~80％的病人集中在上午8—11时就诊，使门诊工作超负荷，病人只能提前到医院窗口排队拿专家号。二是就诊环节设置不合理，病人需要在挂号、候诊、划价、拿药等部门来回奔走，有时医务人员的错误还会使病人多次往返诊室，延长了病人滞留时间。三是多处划价和排队，门诊划价、药品划价、检查划价等分散在不同楼层或楼栋，病人来回跑动和反复排队。如图2-20是医院传统服务模式的门诊流程，其中存在较多重复性非诊疗时间浪费，如何优化门诊服务流程关系着患者就医体验的好坏。

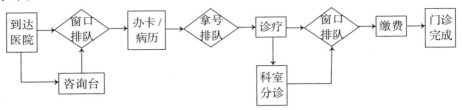

图2-20　医院传统门诊服务流程

为此，不少大型医院依托"互联网+"优化传统就医流程上的"三长一短"痛点，通过智能信息终端把非诊疗环节以人机接触的方式完成，改善就医服务传递环节和就诊方式，利用智能应用优化病人看病服务流程设计，改善后的服务流程如图2-21所示。

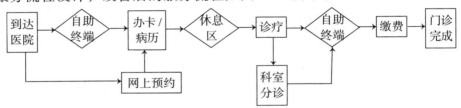

图2-21　病人门诊服务流程设计优化

随着智慧城市建设的开展，生活中很多体验糟糕的服务流程在智慧产品辅助下得到有效改善，这种改善正是利用智慧设施接触点重组了服务流程。所以，信息技术可以减少流程步骤和增进不同部门协调，一是共享数据简化流程程序，二是远距离信息技术增进部门协调[①]。

（三）全局性体验设计

体验是一种客观存在的心理需要，随着社会物质丰裕和生活节奏不断加快，消费者更关注自我感受与满足，人们会用心情、记忆、感觉

---

① 梅绍祖.流程再造：理论、方法和技术［M］.北京：清华大学出版社，2007：8.

等词语来评判消费价值。体验消费是用户趋向型（user-oriented）消费模式，指消费者通过特定方式与产品或服务交互获得体验，随着移动互联网和智能终端的普及，物品以智能为基础，形式意义隐身化，这种交互体验更加重要和丰富多样。今天，用户体验是设计方案的基本原则之一，斯科特·麦克凯恩（Scott McKain）在其著作《商业秀》中反复追问：企业到底是生产产品，还是生产生活方式？并指出"用户不会忠诚于一件产品，而是忠诚于一种体验，这种体验由产品、产品有关的服务、感情、利益和产品使用带来的便利等综合因素创造的。"[①]

从吃饭的碗筷到手机娱乐程序、从公共交通产品到户外旅游休闲，都需要考虑用户参与体验及方式。"用户体验可以扩展到人们与产品交互时的几乎所有事情，从文字、色彩方案到引发的关联、描述它的语言语气、再到客户支持等。"[②]

"用户体验是用户与产品、服务和系统交互过程中感知到的全部要素。"[③]日本设计师樽本徹也在其《用户体验与可用性测试》一书中指出"用户体验包含使用前、使用时及使用后所产生的情感、信仰、喜好、认知印象、生理学和心理学上的反应、行为及后果。"[④]无论产品体验或服务体验都是一种全局性体验，如铁路公司为了解决买票难的问题，让乘客更愿意选择火车出行，提出网上购票平台解决车站人多排队痛点。交互设计师的职责就是：弄清楚谁使用购票 App、目标用户需求和体验是什么、购票过程中遇到哪些问题，在此基础上完成 App 界面设计和交互情景，再由开发人员实现程序运行。

以 12306 购票平台为例，该平台刚出现时确实能缓解乘坐火车前的排队体验，但乘客乘车体验问题并没有全部解决，如现场在自助机

①　麦克凯恩.商业秀［M］.王楠崇，译.北京：中信出版社.2004：195.

②　库涅夫斯基.用户体验面面观：方法、工具与实践［M］.汤海，译.北京：清华大学出版社.2010：36.

③　凯茜·巴克斯特.用户至上：用户研究方法与实践［M］.王兰等，译.北京：机械工业出版社.2017：2

④　樽本徹也.用户体验与可用性测试［M］.陈啸，译.北京：人民邮电出版社.2015：7.

取票、检票进站后找候车台、车上用餐问题、火车上的服务人员态度、如何找到出站口等，这些服务接触点都会影响乘车体验。图2-22和图2-23所示是站台上车场景，有心观察到此事的人应该有过体验困惑，站台登车处地面贴上车厢数字本意是方便乘客快速找到自己的车厢位置，但由于同一站台位置会有多辆车停靠，便会出现2-22所见多色彩多数字符号，反而使乘客无所适从。

此外，乘客走到站台后往往正好在火车中间位置，如果没有车厢前后顺序信息指示，需要自己判断往前走还是往后走。因而，从二层下到站台的楼梯处人群行走秩序最混乱，有人前走一段看到下一节发现车厢数字才知道顺序不对，又重新走回去，有人则从后面向前面返回；而图2-23景德镇高铁站台到站动车信息显示上增加当前车厢号，就较好地解决了乘客不能快速判断前后车厢号的问题，从这些服务接触点的改进可以看出服务设计思维的重要价值。

图2-22　高铁站台车厢数指示

图2-23　景德镇高铁站台信息显示

乘车体验反面案例：北京南站是北京面积最大、高度现代化、亚洲最大火车站，建造中攻克多项世界级技术难题，硬件设施和空间面积属国内一流。但2018年这座现代化火车站在媒体上突然走红，被乘车旅客称为北京"难站"，中国交通报曾说"在北京南站送别朋友，当朋友告知已到天津东站，却发现自己还在南站排队等出租车……"，旅客进站和穿行候车厅内商铺时像走迷宫，甚至有人在北京南站迷路，有人说看不到厕所标识，如图2-24所示。细细观察乘客们的抱怨点，可以发现这些都是服务体验设计问题。因此，服务设计是全局性体验设计，从整个乘车流程来看，单一产品设计是无法满足乘车体验目标的，从准备购票、买票、取票、进站、候车到车上服务、到站每个服务触点的用户体验都要考虑，不仅要改善乘客乘车体验，还要提高铁路公司运营效率、铁路服务人员服务质量。

图2-24　北京南站候车厅通道
图片引用：新京报网2016年9月12号（http://www.bjnews.com.cn）

　　如大家熟知的二维码服务应用就是典型例子。二维码的广泛应用得益于它满足了现代社会人们对时间和信息碎片化需要，在扮演视觉媒介和产品的同时，也被作为一种服务载体，将消费者、厂家、电商、地理位置等联系在一起，起到连接现实世界与网络世界的信息入口、服务和交互沟通的平台作用。一方面，二维码的信息通道功能建立了一种"社交（Social）+本地（Location）+移动（Mobile）"消费生态圈和社交模式，扫描二维码登录网站、浏览内容、完成意见反馈、产品比价、了解他人评论或购物心得等功能，缩短用户使用和接收信息的时间，改变大众接收信息、获取知识方式，使公共场所和私人领域边界模糊，个人与个人、群体、社会的信息交易和整合成本降低。另一方面，二维码服务增强了个人身份的社会认证，部分代替实体产品的信息记录功能，如火车票、电影票、门票优惠券下载、身份验证、名片交换、电子登机牌等，将文字、图像、声音浓缩在图案中，用户通过二维码将信息储存在手机上，在消费时出示即可。既可以减少日常生活麻烦，如买票排队的痛苦、繁杂的手续等，也创新了绿色生活方式，减少资源浪费。二维码体验服务也改变传统媒介"扰人"形象，将人、移动设备、地理信息、线上线下结合到一起，使信息效应从被动服务转向主动服务。如图2-25是二维码电影购票，图2-26是餐饮商店常见自助点餐和结账方式，这两种信息服务看似简单，但服务界面背后支撑系统是关键。

图2-25　购票二维码　　　　　图2-26　点餐二维码

　　二维码设计增加了个性化选择机会，使信息的一对一传播、定制服务逐渐呈现和成为常态，每个受众都可以拥有自己的个性表达和独特需求。流媒体音乐服务平台"声田"（Spotify）为用户提供了音乐编辑自助服务，消费者可以根据喜好创建音乐杂锦并生成二维码，很多人运用此功能做二维码数字卡片，在网上分享或生成问候卡邮寄给心仪的某个人，用音乐传情。

　　另外，在互联网时代里，人的行为、位置、衣食住行都可通过数据记录展现给他人，但大数据和用户之间的最大鸿沟是数据的选择性、可用性问题。二维码设计让个人在信息可用性方面更加便捷，通过巧妙运用视觉语言和交互方式提升公众兴趣，让公众与二维码在互动中获得审美体验，真正实现数据的可用性价值。如韩国易买得超市（Emart）的二维码装置设计也是典型案例（图2-27），由于人们去超市的时间主要集中在下午或晚上，Emart超市为了改善现状，在超市门口设计了一个利用光线投影形成二维码图像的互动装置。每当正午时间，消费者扫描阳光投射出来的影子，就可以链接到超市网站和获得优惠券，这种创意方式吸引了不少路过者，也提升了超市中午时段的销售额。

由此可见，服务设计是产品服务系统的整体体验应用，其设计方案讨论除了应用一般体验设计方法（用户访谈、观察，设计交互原型），还有服务系统设计研究工具，服务中所有参与者和利益相关者的关系，面向用户的所有接触点和服务后台关系服务蓝图梳理等。

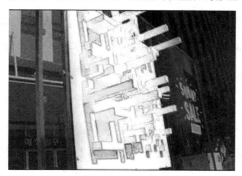

图 2-27　易买得超市（Emart）二维码装置设计

第3章　服务设计的分析工具及方法

设计初学者面对设计项目经常会不知如何着手，陷入琢磨产品造型创意中，但产品造型创意只是设计表象，不是设计真正要解决的问题核心点，最终造成设计师对用户需求、交互方式、设计逻辑等缺乏准确理解，思路混乱。事实上，设计方案创新过程更多时候是设计调研分析和获取数据支撑设计，提炼用户核心利益点及依此开展具体设计。设计师需要借助相应的设计方法和分析工具从客观角度认知用户、发现和可视化设计问题、找寻设计方向，帮助设计师将混乱信息和思维以可视化方式从无序转到有序，如图3-1所示。

宝莱恩（Andy Polaine）在《服务设计与创新实践》中以挪威Gjensidige Forsikring保险公司（GJF）"终极客户导向ECO"服务改革项目为例归纳了服务设计流程包括"收集洞见、数据研究、工作坊、服务蓝图、服务提案、概念草图、体验原型、测试和交付。"[①]国际服务设计联盟（北京）主席、清华美院王国胜教授提到"服务设计师常用服务价值网络、用户体验路径、服务模式、服务蓝图、服务触点几方面描述服务系统。"从这些研究实践可以看出，服务需求的观察和解读、服务创新方案的转化需要相应工具方法。目前，服务设计研究者们已经初步建立服务设计术语、分析方法和技术工具。

---

① 宝莱恩，乐维亚.服务设计与创新实践［M］.王国胜，译.北京：清华大学出版社，2015：4.

其中，用户观察和理解涉及用户访谈（User Interview）、用户角色模型、SWOT分析、产品生命周期（Product Life Cycle）、双钻模型（Double Diamond）等设计思维方法，服务体验分析工具和创新方法有用户行程地图、故事板、利益相关者地图、商业模式画布、服务蓝图、服务原型等，这些方法工具能帮助服务设计研究者评估产品机会、制定设计目标和策略、定义产品服务需求，分析阻碍用户体验的关键障碍、完成服务设计信息架构等，为设计方案提供有说服力、有依据的思考和创意输出，为设计团队提供可重复操作的研究流程。

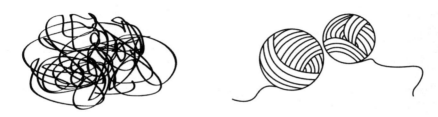

图 3-1　设计思维无序到有序

一、服务体验分析工具

（一）用户旅程地图

由于设计项目的展开涉及不同部门合作，不同背景、不同问题角度，团队人员对用户理解存在碎片化现象，设计师如何与合作者共享用户需求是关键，用户旅程地图的可视化和讲故事方式建立了有效沟通语言和交流文档，有助于促进大家协作对话和理解用户情境。用户旅程地图能帮助设计师理解服务体验全景，帮助文案人员识别用户难点，帮助产品设计者理解产品服务环节阻碍所在，帮助管理者发现不同服务触点协作断层。

服务设计的用户旅程地图（User Journey Map, UJM）是以图形可视化形式、第一人称视角描述用户经历整个服务流程时的触点、需求和痛点，也可以理解为用户的服务体验故事。用户旅程地图适合梳理服务流程的用户使用场景和体验问题，帮助团队跨专业交流与定位问题。它将模糊需求分解成用户角色、使用场景、行为交互、体验感受等模块，包括用户需求是什么、如何了解和使用产品（服务）、需求满足方式、使用过程的接触点、槽点和满意点、情感体验状态等，为设计师从中发现问题和痛点、理解用户需求提供分析框架。如图3-2描述了用户使用外卖点餐平台过程，通过任务拆分，帮助设计者发现以往没注意到的用户线上点餐体验问题。

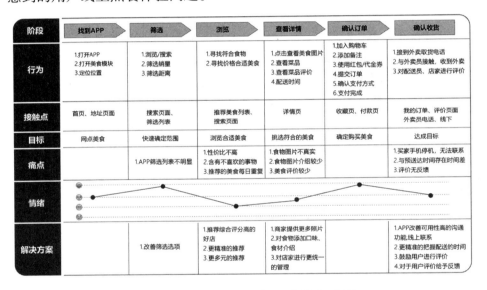

图3-2　外卖平台点餐用户旅程地图

　　用户旅程地图的基本框架是以用户使用过程为横向时间线，以关键行为交互点为纵向架构，主要讲述用户使用感受、动机、接触点行为问题，某种程度上可理解为一种简洁的"时间—行为"信息图，如图3-3所示。

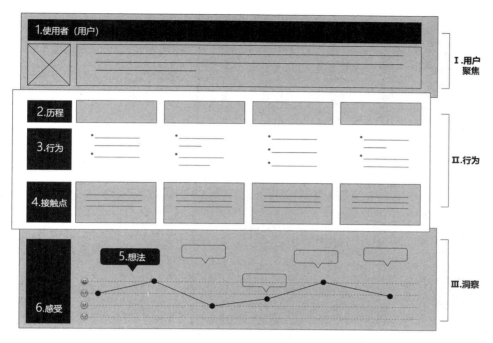

图3-3 用户旅程地图基本结构

一个旅程地图针对一个用户角色行为和一件事情，但图表形式可以多样化，在描述旅程地图时，需要在用户范围、焦点、广度和深度上进行选择，如需要多少用户使用细节、需要概括哪些接触点内容、是现有问题分析还是新体验设想。

另外，创建旅程地图的目的不是创建一张漂亮的信息图表吸引跨团队协作人员认可不成熟设计概念。旅程地图是设计方案交流文档，用户故事建立在真实叙述上，即需要提前收集产品的用户使用数据，对用户的问题、感受和动机了解翔实，以用户研究结果为参考点，如图3-4所示。

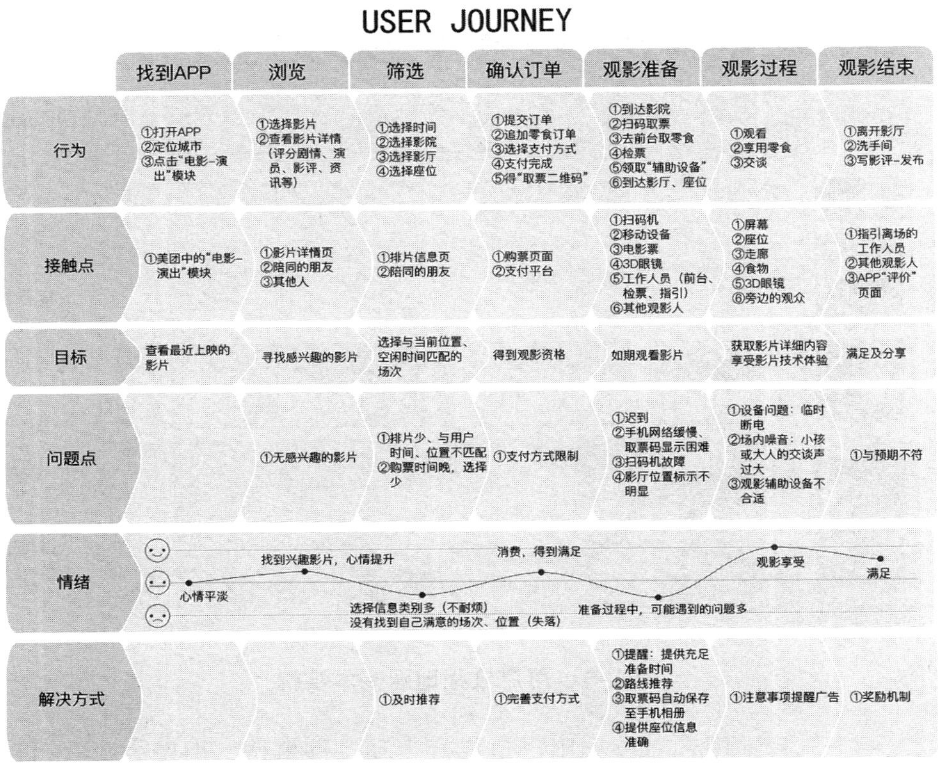

USER JOURNEY

	找到APP	浏览	筛选	确认订单	观影准备	观影过程	观影结束
行为	①打开APP ②定位城市 ③点击"电影-演出"模块	①选择影片 ②查看影片详情(评分剧情、演员、影评、资讯等)	①选择时间 ②选择影片 ③选择影厅 ④选择座位	①提交订单 ②追加零食订单 ③选择支付方式 ④支付完成 ⑤得"取票二维码"	①到达影院 ②扫码取票 ③去前台取零食 ④检票 ⑤领取"辅助设备" ⑥到达影厅、座位	①观看 ②享用零食 ③交谈	①离开影厅 ②洗手间 ③写影评-发布
接触点	①美团中的"电影-演出"模块	①影片详情页 ②陪同的朋友 ③其他人	①排片信息页 ②陪同的朋友	①购票页面 ②支付平台	①扫码机 ②移动设备 ③电影票 ④3D眼镜 ⑤工作人员(前台、检票、指引) ⑥其他观影人	①屏幕 ②座位 ③走廊 ④食物 ⑤3D眼镜 ⑥旁边的观众	①指引离场的工作人员 ②其他观影人 ③APP"评价"页面
目标	查看最近上映的影片	寻找感兴趣的影片	选择与当前位置、空闲时间匹配的场次	得到观影资格	如期观看影片	获取影片详细内容 享受影片技术体验	满足及分享
问题点		①无感兴趣的影片	①排片少、与用户时间、位置不匹配 ②购票时间晚,选择少	①支付方式限制	①迟到 ②手机网络缓慢、取票码显示困难 ③扫码机故障 ④影厅位置标示不明显	①设备问题:临时断电 ②场内噪音:小孩或大人的交谈声过大 ③观影辅助设备不合适	①与预期不符
情绪	心情平淡	找到兴趣影片,心情提升	选择信息类别多(不耐烦) 没有找到自己满意的场次、位置(失落)	消费,得到满足	准备过程中,可能遇到的问题多	观影享受	满足
解决方式			①及时推荐	①完善支付方式	①提醒:提供充足准备时间 ②路线推荐 ③取票码自动保存至手机相册 ④提供座位信息准确	①注意事项提醒广告	①奖励机制

图3-4　电影购票用户旅程地图设计

用户旅程地图格式可以多样,只要能准确表达用户使用需求、问题及体验过程的情绪,保证用户故事叙述清晰、体现用研证据、简洁即可。但基本要素必须固定,其基本要素包括使用者(用户)、历程、接触点、行为、想法、感受。

使用者(用户):确定以什么样的用户为故事角色,进而从用户角色出发梳理使用经历。

历程:旅程地图最适合描述一系列事件的场景,如购买行为、旅行、产品使用前中后阶段等。

接触点:将体验接触点(参与者实际与产品服务交互的时间、场景、物品)和通道(通信、服务交付方式,如线上网站或线下实体)与用户期望目标和操作行为的对应,这些元素分析很容易暴露出已有产品不一致和不连贯的服务体验痛点。

行为：用户在产品完整使用行为或事件展开过程中所发生的交互动作。

情绪：用户对具体接触点体验、交互行为的满意度、想法和感受，这些会引起用户经历服务体验后的心态和情绪变化。

（二）服务设计蓝图

1. 服务蓝图的用法

服务设计蓝图引申于服务科学里的服务蓝图（Service Blueprint），服务蓝图详细描画服务展开过程、接触点、顾客和服务提供相关者、服务中的可见实物与不可见系统要素。它按照服务任务流程把顾客行为合理分块，并逐一描述步骤任务，是基于流程图的服务分析工具。

"服务蓝图"一词最早是 G. 利恩·肖斯塔克（G. Lynn Shostack）在1984年1月的《哈佛商业评论》中提出，以"可见线"（Line of Visibility）将顾客服务分为体验前台和操作后台两个区域，如图3-5所示。

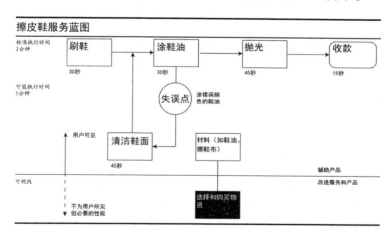

图 3-5　G. Lynn Shostack 的服务蓝图框架

1993年，金曼·布伦达格（Kingman Brundage）从 X 轴和 Y 轴完善服务蓝图的服务活动时间流程及服务行动内容。2004年，皮雷斯（Pires）和斯坦顿（Stanton）在顾客与前台互动中间增加一条交互线（Line of interaction），在前台服务和后台支撑服务之间划分内部交互线（Line of internal interaction），进一步明确不同服务层面关系，如图3-6所示。

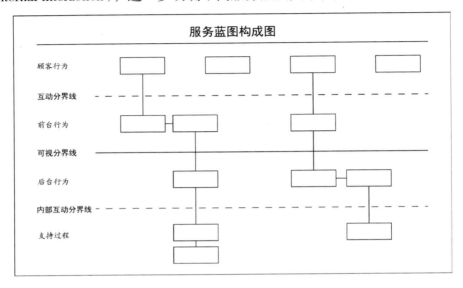

图3-6 Pires 和 Stanton 服务蓝图基本构成

　　服务设计蓝图在用户旅程地图基础上增加了前后台服务要素。旅程地图聚焦用户前台服务时间、流程体验（服务蓝图 X 轴），服务设计蓝图则聚焦服务流程后面的运行方式、系统支撑要素，揭示和记录产品服务体验过程背后的组织结构，它是基于旅程地图的服务系统深化探究。因此，两者差异在于广度和深度的侧重，它们是设计分析的前后关系和互补关系，旅程地图记录用户经历的可见层服务和用户图景，服务设计蓝图描绘用户体验下面的服务后台如何运行和实现用户需求，是服务结构的整体关系分析，都是理解和使用服务设计方法的关键工具。

　　通过服务设计蓝图工具分析可见线上下区域的前后台交互行为，可以帮助设计师发现用户服务经历中与相关利益者的接触次数、谁负责、谁在哪些环节提供服务，有助于从用户视角更全面深入、准确了解服务设计的失败点影响因素和服务活动薄弱环节，完善服务操作（使用）流程，改善服务环境和设施，提高用户满意度。

2. 服务蓝图绘制技术

不论设计研究者们如何完善服务蓝图使用，其基本结构和元素都会包含有形物品（Physical Evidence）、用户行为流程（User Journey）、前台服务行为（Onstage Action）、后台员工行为（Backstage Action）和支持系统（Support Process）四个部分。其中，有形物品指用户接触到的实体东西，行为流程指用户行为和互动经历的服务流程，前台服务行为指用户直接接触到的服务人员及其行为，后台员工行为和支持系统指用户看不到的幕后服务支持者系统。其绘制基本步骤大体可分为以下步骤，如图 3-7 所示。

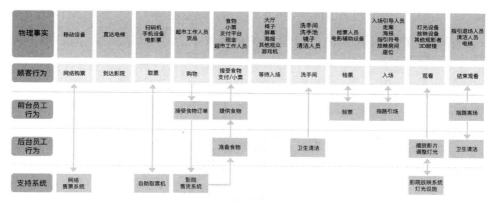

图 3-7　服务蓝图描绘

（1）明确服务蓝图的用户对象和服务流程内容。明确建立服务设计蓝图的目的，分析用户和服务流程。若只是想了解用户服务流程的总体结构，可以粗略绘制服务环节和前后台任务步骤；若需要详细诊断和改进已有的服务问题，可以逐步细化用户行为和任务。

（2）从用户角度描绘服务交互过程。以图文方式在可见线上描绘用户行为内容，及对应的前台服务界面内容、后台服务系统。

（3）描绘前台与后台服务系统的行为。用交互线链接用户和前台服务人员的行为联系，用内部互动线勾画前后台人员和系统部门联系。

（4）在用户每一步行为任务上写出相关有形物品，列举用户行为相关物品，包括产品、信息、有形平台等。

二、服务背景与利益者分析工具

（一）相关利益者关系图

服务设计的相关利益者关系图（Stakehold Maps）是以用户为中心研究设计项目主要相关人物关系，它以图形可视化形式将用户体验相关利益者信息汇总，帮助设计师梳理利益相关者关系，直观了解设计任务不同影响者，也为设计团队跨专业交流提供共享语言。在开始阶段，利益相关者分析图的重点是"保证全面涵盖所有相关人物，除了最终用户，还需要涵盖从中受益的人、拥有权力的人、可能受到不利影响的人，甚至可能阻扰或破坏设计成果或服务的人。"[①] 图3-8、图3-9是学生模仿团队合作和讨论以便改善知识边界限制影响。其制作步骤有：

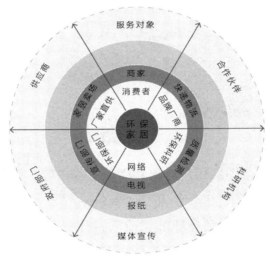

图3-8　利益相关者图构建

Step1：列出相关利益者名单，如用户购买家具的利益相关者涉及家居卖场、环保部门、网络媒体、厂家、快递物流等，写在卡片、便签、纸片等纸片上。

---

① 贝拉·马丁.通用设计方法［M］.初晓华，译.北京：中央编译出版社，2013：80.

Step2：区分相关利益者属性，按照优先级或类别属性、影响程度等进行归类。如从中获益者、拥有权利的人、可能受到不利影响的人、阻扰设计结果或服务的人。

Step3：在白板或墙面上按相关利益者属性联系设计属性关系框架结构，将不同类别利益相关者纸片粘贴于关系图中。

Step4：使用箭头线画出不同利益相关者之间的影响关系、影响因素等，可结合文字、图像、照片。

Step5：团队成员一起分析利益相关者关系图是否完整准确，随时调整纸片位置直到团队成员达成共同认识。

图3-9 卡片列出利益相关者

（二）SWOT 成因图

SWOT 成因图指优势（Strengths）、劣势（Weaknesses）、机会（Opportunities）和威胁（Threats）模型，由美国学者海因茨·韦里克（Heinz Weihrich）于20世纪80年代提出，被用作分析企业竞争力、竞争对手情况，该分析图将企业内部优势和劣势条件、外部机会和威胁进行可视化，为直观了解企业或产品现状及未来定位提供帮助。

S 和 W 分别代表内部优势（Strength）和弱势（Weakness），主要着眼企业自身或产品技术、竞争力、资产等。O 和 T 分别代表外界机会（Opportunities）和威胁（Threats），着眼于外部环境变化及对企业的可能影响，如市场需求变化、政策、竞争对手。美国管理学家迈克尔·波特（Michael Porter）基于 SWOT 分析归纳了 SO 型（"优势 + 机遇"）、WO 型（"劣势 + 机遇"）、ST 型（"优势 + 威胁"）、WT 型（"劣势 + 威胁"）四种情况。SWOT 基本要素关系如图 3-10 所示。现在，SWOT 分析图被应用到很多领域，产品系统设计、服务设计也引入该方法用来了解设计需求背景，产品与服务相关因素的来源、变化和影响，服务设计中的 SWOT 成因图围绕 S、W、O、T 分别延伸相应的现象和原因分析，如图 3-11 所示。

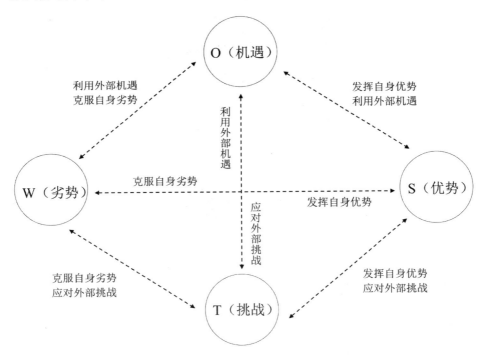

图 3-10　SWOT 分析图元素

本图来源：袁牧，张晓光，杨明 .SWOT 分析在城市战略规划中的应用和创新 [J]. 城市规划，2007，31（4）：55.

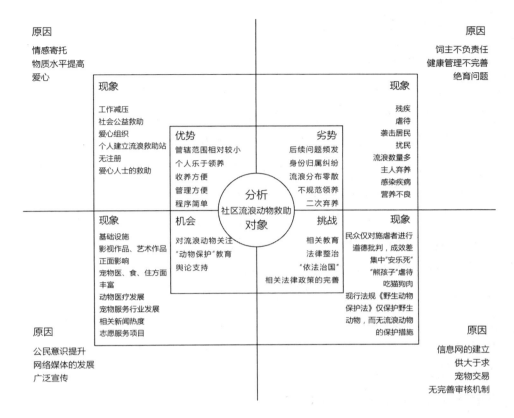

图 3-11　S、W、O、T 现象和原因分析

内部优势（Strength）：产品竞争力，资金保障，市场位置，技术优势，成本优势，广告战略，产品服务，制造能力、用户使用体验等因素及产生原因分析、现象呈现。

弱势（Weakness）：产品功能问题，管理水平低，使用上有困扰，产品服务差，成本高，等因素及产生原因分析、现象呈现。

外界机会（Opportunities）：社会、经济、政策、竞争者的有利影响，消费趋势，市场需求大等因素及产生原因分析、现象呈现。

挑战（Threats）：竞争者，市场缓慢，购买者需求变化，社会、经济、政策、竞争者的不利影响等因素及产生原因分析、现象呈现。

（三）人物角色分析

1. 设计中的人物角色概念

角色原指戏剧舞台上的特定人物，该词的学术研究最早来于社会学家格奥尔·西美尔（Simmel.G.）《论表演哲学》，角色理论是一种情境式观察和分析方法，能较好解释与人相关的态度、行为、心理现象，被广泛引入相关学科。如社会学中引入角色概念研究人与社会关系问题，探讨角色认知、角色期待等社会行为和心理活动，如奚从清《角色论：个人与社会的互动》，彼德尔（B.J.Biddle）认为角色概念是指人的行为特点，代表了某种社会行为模式、规范和人际关系。拉里·康斯坦丁（Larry Constantine）认为"从广义上讲，用户角色被定义为典型用户需求的集合，包括需要、兴趣及期望和行为模式。[①]1983年，艾伦·库珀（Allan Cooper）在软件开发项目中以一名事先访谈的用户为人物原型，以其用户角色思维成功设计了软件功能和界面。这促使他发现用户参与设计的重要性，进而产生规范化建立人物角色的想法和软件开发的人物角色设计方法。1999年，艾伦·库珀（Alan Cooper）出版 *The Inmates are Running the Asylum*，国内翻译本为《软件创新之路——冲破高技术营造的牢笼》（ *The Inmates Are Running the Asylum* ）提出"人物角色"（Persona）设计工具，指出"虚构出潜在用户并为他们设计产品，这些潜在用户称为角色，以角色指代具体个人，一个完整的用户角色是交互设计的有效工具和目标导向设计的 基石。"[②]。

设计中的人物角色指详细调研数据加工提炼出的典型用户原型，能基本代表一类人群的使用行为、态度、目标及动机因素等共有行为模式。人物角色建立在用户数据收集和定性定量分析的基础上，建立人

---

① Johns.Pruitt. The Persona Lifecycle : Keeping People in Mind Throughout Product Design［M］. San Francisco : Morgan Kaufmann, 2006: 512.

② 艾伦·库珀. 软件创新之路：冲破高技术营造的牢笼［M］. 刘瑞挺, 译. 北京: 电子工业出版社, 2001: 130.

物角色能够帮助用户研究者理解服务对象需求、目标和动机。设计过程中会借鉴民族学、符号学、人机学、历史学、社会学、心理学等学科"人"的研究方法，如深度访谈、观察调研、实验调查、用户可用性测试等获取用户数据，如表3-1。因此，人物角色既是虚拟人物，也有真实来源，是某一类真实用户相似特征的集合，甚至会给予名字、年龄、职业等，也有人将人物角色理解为用户画像（User Persona）。创建人物角色的意图是引导团队聚焦典型用户，减少设计师主观臆测。要注意的是，人物角色不是绝对度量，它主要作为方案决策、概念设计、创意沟通的用户可视化理解工具，设计研究者可以根据需要设置不同的虚拟角色来代表服务、产品、品牌等用户形象。

表 3-1　设计的用户研究方法

方法	成本	数据分析	使用阶段
竞品分析	中	定量分析 / 定性分析	需求阶段
焦点小组	高	定性分析	需求阶段
田野调查	较高	定性分析	需求阶段
纸面原型	中	定量分析 / 定性分析	概念设计
卡片分类	高	定量分析	概念设计
用户测试	中	定量分析 / 定性分析	方案评估与迭代
问卷调查	低	定量分析	方案评估与迭代
调查访谈	较高	定性分析	方案评估与迭代
日志分析	低	定量分析	方案评估与迭代

注：定量分析指依据大量统计数据分析；定性分析指依感官判断、经验等分析

2. 人物角色构建

人物角色构建基于不同项目需要会有所差异，至今并没有统一标准，不少设计研究者都提出过自己的人物角色构建方式，如尼尔森（Lene Nielsen）在 *Personas - User Focused Design* 中提出的人物角色法，（图3-12）。

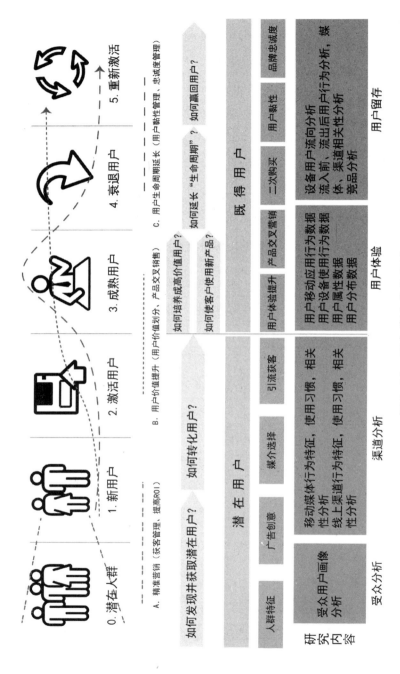

图3-12　尼尔森人物角色法

　　和艾伦·库珀七步人物角色法（图3-13），即发现用户（谁是用户？有多少？）、建立假设（用户群体内部是否存在差异？）、调研（收集用户群体的相关特征，如人口学特征、消费特征、兴趣特征以及社会特征）、发现共同模式（是否抓住重要的标签？是否有更多的用户群？是否同等重要？）、构造虚构角色（根据用户在标签上的差异将用户划分成细分群体）、定义场景（需求适应的场景？）、复核与买进（对群体划分进行验证）、知识的散步（如何与企业内部同事共享人物角色？）、创建剧情和持续的发展（是否有新的信息改变角色？）。

图3-13　艾伦·库珀七步人物角色法

　　本图来源：艾伦·库珀.软件观念革命：交互设计精髓［M］.詹剑锋，译.北京：电子工业出版社，2005：73

　　综上所述，人物角色模型构建始于数据收集和统计分析，虚构一个身份信息完整的典型用户，如图3-14所示。其构建内容包括：

　　基本信息：主要是人口属性特征，如姓名、照片、性别、年龄、学历、职业、收入等。

　　用户背景：生活工作环境描述。

　　性格特点：性格、兴趣喜好、消费。

　　个人经验：使用态度、观点。

用户目标：期望、动机。

使用情境：为什么使用、如何使用、使用困难、交互过程。

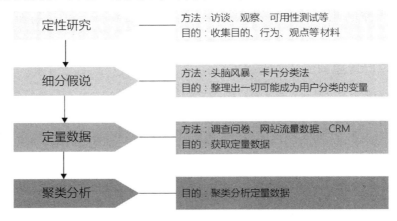

图3-14　人物模型构建数据分析

案例：随着智能手机普及和快速更新，手机功能越来越电脑化，屏幕越来越大，玻璃机身设计成为主流，手机材料抗摔性较弱，很多人都遇到过屏幕破裂问题，但换屏既费用不菲也费时费力。当前市面上换屏幕方式有官方手机维修店、非官方维修店（路边店）、电商维修、同城上门维修、自己购买配件维修等，无论哪种方式都存在痛点。调研分析中基于用户背景资料建立用户画像，可以有助于寻找维修难点和设计新的维修服务，如图3-15用户背景资料整理和图3-16用户人物角色模型。

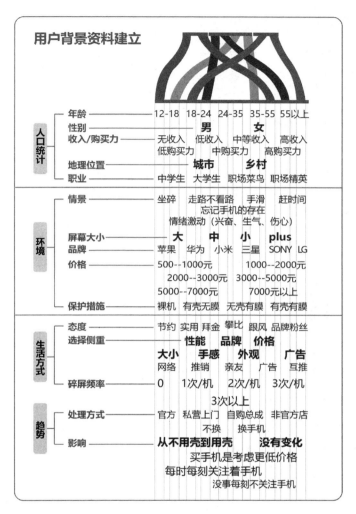

图3-15　用户背景资料整理

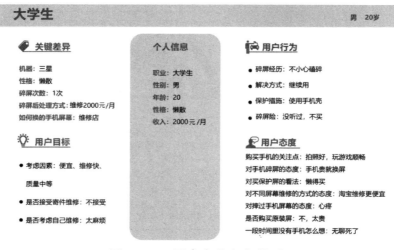

图3-16　用户人物角色模型

（四）服务系统图

设计研究边界日趋复杂，虽然利益相关者可以帮助服务设计师较为系统地注意人的影响因素，但不同利益由于相关者之间的具体关系还需要借助服务系统图。"服务系统图能够以图示形式来准确、清晰、完整地处理与反映系统状态（利益相关者的组织关系与服务策略）与服务蓝图相比，它侧重展现设计导向的场景（即利益相关者之间具有可行性的潜在服务场景）。"[①] 服务系统图（System Map）从全局关系上描绘了产品服务系统各利益相关者所处位置及资源要素流动关系。通过将主、次要利益相关者、资源要素（环境、物质、人、信息）关系进行梳理，采取直观图示语言进行描述，将抽象要素关系转化为具象、清晰的图示符号服务场景，以辅助设计师、相关研究者整体审视服务系统生态关系。

服务系统图对相关者的活动、服务流程、关系以可视化元素表达，运用图例划分资源要素主、次要流动，以此建立服务系统框架互动关系图，帮助设计研究者逻辑梳理和团队策略性对话。其基本特征如表3-2所示。

---

① 姜颖 . 服务设计系统图的演变与设计原则探究［J］. 装饰，2017（06）：79-81.

表 3-2　服务系统图的基本特征

	图形	可视化图示	使用规范、具象与可视化元素
服务系统图特征	信息流	资源要素流向	利益相关者间的资源链接、交互关系
	服务流程	产品服务过程	完整服务传递过程观看
	服务概念	服务方案评价	审视资源流动中的问题、不同研究者沟通手段

常见的服务系统图多使用"引导线"表达信息流（Information flow）、物质流（Material flow）和信息流（Financial flow）的系统运行。各利益相关者也使用图标表达，基本模式比较固定，如图 3-17 所示。

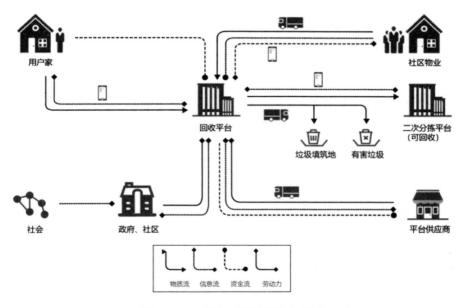

图 3-17　服务系统图基本样式

以社区闲置物处理平台服务设计为例，随着人们物质生活富裕，每家每户都有很多废旧物品难以处理，这些闲置物品是一种资源浪费，市面上已有的废旧物回收和处理方式都难以同时满足用户、回收企业、垃圾处理公司的共同需求，也进一步影响废旧物处理。图 3-18 是基于现有问题提出的"社区闲置物共享平台"服务设计方案，通过梳理用户、社区服务人员、合作商家相互关系，设想了相互间的资源要素流动，从而推进可持续方案产生。

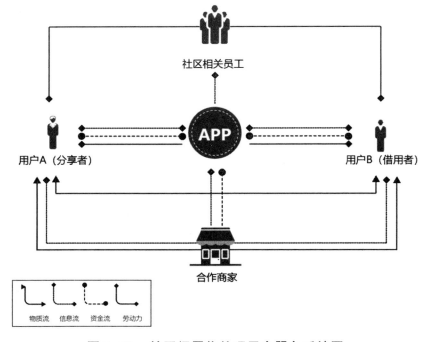

图3-18　社区闲置物处理平台服务系统图

三、服务原型工具

（一）故事板

故事板（Story Board）最早源于影视业，是安排电影拍摄程序的记事板，在影片拍摄前用图形方式展示各镜头及相互间的联系。迪士尼为便于导演、制片、场景、原画师等分工合作者交流讨论，采用故事板形式建立清晰统一方案草图。在设计领域，设计故事板充当视觉化设计文档，"设计文档起到电影剧本和拍摄细节计划书的作用，使每个人都清楚它会怎样进行。"[1]

---

[1] 艾伦·库珀. 软件创新之路：冲破高技术营造的牢笼［M］. 刘瑞挺，译. 北京：电子工业出版社，2001：238.

用户故事板（User Story Board）常被应用在概念设计中，简化的、视觉化的用户旅程地图，它由一系列图片和语言组成，以视觉方式讲故事，将服务体验流程用情境故事方式展现出来，基本元素包括用户、情境及交互行为，能直观呈现设计在应用情境中的使用过程，帮助设计师和相关人员理解产品和服务如何改善用户需求。

设计师站在用户视角模拟体验情境，包括使用环境，物品式样、产品功能，按时间顺序描绘和提取不同场景使用镜头，进而分析"人—环境—物—活动"互动关系、评判设计方案和挖掘用户潜在需求。故事板有助于看图者很容易通过代入角色或者视觉化情景理解交互体验，便于设计团队内部建立一个理解和沟通的信息可视基础，消除方案沟通中不恰当的理解。其作用如图3-19所示。观看者可以把自己的经历反映在故事板上，这种有目的的观察方式支持设计分析、有针对性地挑选交互服务内容和获得与时间发展有关的想法。由于故事板记录和描述了很多行为承接关系，使得设计小组内部得以回想、探讨和确定主题。

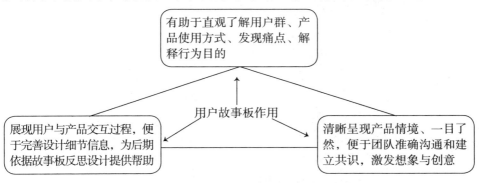

图3-19 用户故事板作用

绘制故事板不需要高水平绘画基础，不用展现产品具体服务接触细节，只需要直观展现核心服务流程与基本意图即可，可以用黑白剪影图形、卡通形象、手绘草图等多种形式，直观、清楚就好，如图3-20、图3-21所示。

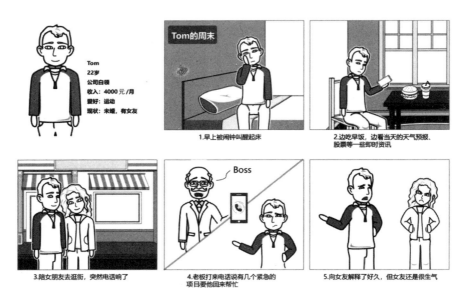

图 3-20　故事板

图 3-21　故事板

　　故事板表现形式可以是比较粗糙的图文结合，但版面应安排得空旷一些，便于方案讨论中随时添加内容。这个阶段的故事板有利于设计者将情境、气氛、感觉、行为交互和相关因素与产品使用相联系，以可视化形式呈现出来，有利于下一步与典型用户的交流以获得反馈和补充，同时便于设计小组内部思维发散和探讨。运用故事板法较之常规文字分析法、观察法等研究方法，更有助于设计者解决阅读文字时易忽略细节的问题。同时，制作故事板的过程本身就是结合了资料搜集和思路整理的过程，有助于提高设计分析阶段讨论效率。

1. 用户故事板的基本元素

角色：故事板中设定的用户，其行为、期望至关重要。

场景：用户角色的环境（人、物、情境）。

情节：故事的讲述结构，包括故事开头、发展、结局、情节等应聚焦于设计方案是否解决了用户最终需求或服务问题。

2. 用户故事板使用

用图文结合形式来描述一个完整任务或是交互动作的可视化剧本，故事板是用特定脚本和连贯分镜头展示一系列交互动作。故事板多用于突出显示某些关键交互动作，使整个用户体验过程中相对应的关键任务得以放大和被关注，故事板设计也用于寻找产品服务的用户群。故事板可以根据不同的目标任务选择不同的表现形式，但采用何种形式取决于要构建的故事情节、屏幕任务、线下任务的相关度。如果着重研究线下任务，则故事板中线下场景居多，如果关注屏幕任务则展现界面设计居多。

（1）假设好故事的发生要点、使用情景、用户角色，从事件触发到行为结束编写故事剧本。

（2）分析要表达的故事信息、服务体验行为层级，以简明扼要的清晰传达为原则，确定故事板的图面数量、人物角色和目标数量。

（3）确定故事行为时间轴和场景，根据需要添加细节，此过程可采用变换图片尺寸、留白空间、制作基本构图框架、添加辅助文字说明等形式。

（4）将故事板图片按一定行为顺序、视觉表现手法摆放，团队围绕故事行为讨论和继续添加细节。

（二）视频原型

1. 视频原型方法

视频原型（Video Prototyping）是服务设计方案快速展现的方式之一，它将用户与产品交互过程的服务概念用视频模拟演示。设计小组成员扮演服务相关角色，在摄像机前模拟不同场景帮助探索设计方案优缺点，如整体功能、交互方式、使用情境等，让设计团队在概念阶段能获得更真实直观的可用性反馈，也便于团队成员交流和审查方案细节。视频原型较适合用户视角的服务设计概念分析，通过视频模拟提高了设计师发现用户问题的情境感，增加观看者的移情感，也能较好地解释用户如何通过不同触点使用服务。

服务设计的视频原型方法可以使用在以下设计过程中。一是作为创意发散时的辅助工具（头脑风暴）。在设计构思阶段，将低保真原型做个简单演示视频，有助于其他人对概念设计快速准确形成共同认知。二是帮助设计者梳理服务设计方案。视频原型需要模拟服务过程，有助于梳理服务各界面细节，从实际使用场景思考服务设计目标。三是可以作为设计师与跨专业人员交流的说明书。如何让团队里不同领域成员理解设计意图，避免信息传递失误是设计师经常面临的问题，视频原型比纸面文案和静态图纸方案更加生动，整体表达效果更好。

另外，有很多企业也喜欢将设计的视频原型作为好的产品服务阐述形式，应用于项目的对外展示。如光学设备制造商康宁公司"未来生活设想"（A Day Made of Glass）就使用了视频原型，畅想和展示其玻璃产品在未来数字化工作、学习、娱乐服务中的使用情境，帮助人们理解康宁产品的价值，如图3-22和图3-23所示。

2. 视频原型制作

一般意义上的视频原型制作要求不高，目的是以故事性表述方式让受众有兴趣、易理解概念方案，拍摄素材不需很精美，设计师首先需要写出拍摄大纲，想好功能使用场景，然后邀请团队成员或用户扮演角色，由专人拍摄原型过程。

图3-22 视频原型展示　　　　图3-23 视频原型展示

首先，设计师依托服务蓝图编写拍摄脚本或画出拍摄故事板，包括解说词、环境配音、服务场景挑选、用户角色数量等。

其次，拍摄实物准备和录制，包括人物角色设计、道具和模型，情境空间装扮，道具可以就地寻找纸板、泡沫或者木材等简易材料制作。

最后，将拍摄好的视频文件进行剪辑，后期配声音、解说和文字等内容，一般视频原型时长1~5分钟即可。

总的来说，视频原型只是一种简易、快速、低成本的设计方案展示工具，视频拍摄和后期处理不必复杂，可以后期添加声音元素，也可以采用无声模式，以减少音频处理工作量，人物角色可以使用服饰道具、文字、旁白介绍等方式标注。

服务设计工具案例：

以下案例（图3-24至图3-34）是张晋等在服务设计课程中以"老年人健康守护服务"为主题的方案设计探讨，应用了本章节大部分分析工具和方法。随着我国老年社会的到来，养老问题日益突出，养老服务需求不断增加，但养老相关的纠纷和服务模式层出不穷，如儿女不赡养问题、老年人孤单问题、抱团养老、养老院养老等，这些现象、问题、模式都可以从服务系统设计视角展开探讨。

图 3-24

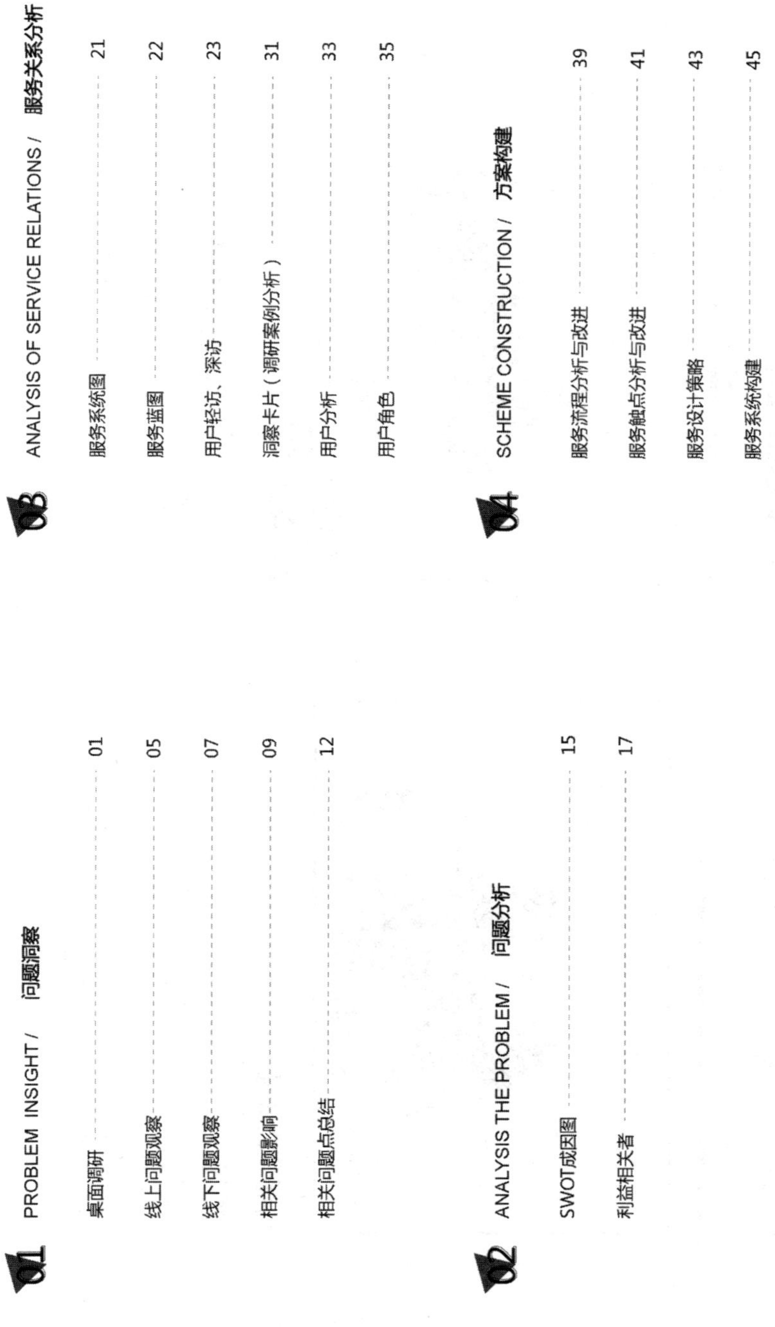
01
PROBLEM INSIGHT / 问题洞察
桌面调研 01
线上问题观察 05
线下问题观察 07
相关问题影响 09
相关问题点总结 12
02
ANALYSIS THE PROBLEM / 问题分析
SWOT成因图 15
利益相关者 17
03
ANALYSIS OF SERVICE RELATIONS / 服务关系分析
服务系统图 21
服务蓝图 22
用户轻访、深访 23
洞察卡片（调研案例分析） 31
用户分析 33
用户角色 35
04
SCHEME CONSTRUCTION / 方案构建
服务流程分析与改进 39
服务触点分析与改进 41
服务设计策略 43
服务系统构建 45

图 3-25

让5000万留守老人安度晚年刻不容缓
Where is the future

System Innovation
for Sustainability

老吾老以及人之老

我国农村养老形势比城市更严峻。

目前，农村老龄化水平高于城镇1.24个百分点，其中农村留守老人数量已近5000万，全国共有农村养老服务机构3.3万个，床位数达261万张，农村日间照料场所覆盖率仅16%，但农村老服务供需存在着巨大的差距。（9月20日《新京报》）

目前，我国逐步进入老龄化社会，养老成为中国面对的大问题。我国成为世界上唯一一个老年人口超过1亿的国家，已是发展中国家中人口老龄化最为严峻的国家。截止2012年底我国60周岁以上老年人口已达1.94亿，2020年将达到2.43亿，2025年将突破3亿。随着人口老龄化程度不断加深，养老服务需求不断增加，解决好养有所养、失能无靠等突出问题。（9月20日《新京报》）

System Innovation
for Sustainability

独生子女家庭的养老难题：意外来临

当前我国新型的社会和阶层人士的总体现模约为2000万人，尽管这一阶层很短暂地定为的"中产"，但很多关地来未经不够受父母赡养的人水平，而过半的受访者却认为自己收入水平、资产总量和消费水平正达不到这种中产阶层。

2017年，发表在半月刊网的一篇文章...

新闻来源：http://ww.sina.com.cn/-detail-ifxpvyx497724.shtml
中国江苏网　2016-02-29

描述了他们的生活图景："多毕业子知名高校，从事体面的职业、在大城市买下小房，热爱知识热爱学习，追求的群体，下一代的教育、住房、家庭成员的健康都是他们无暇顾及的未来。回顾过去，我们时光投向他们，讲述这一代人的消费和水平又是一个缩影..."

子女不念父母养育之恩 赡养推三阻四

老人有儿有女却无人赡养

俗话说"养儿防老"，爆想是应当父母生活不易养育子女理应履行赡养义务，生活中有些子女不尽父母养育之恩，有难题履养育义务、赡养阻三阻四，合城镇法庭就...

城县法院，终年子饶年告上法庭，要求其相似20年赡养费共计几万余元。

赡养纠纷拷问子女道德

原来，老人有5个子女，一直居次子饶两抚养，现在法院要养父母，让众子女的赡养权。让老人无奈把5个子女二法院，老人希望通过法律手段，的困难，老人希望通过法律手段，甲诉后起诉后，案例二法院强制执行5个子女均担、"懂被父母强制执行生子女平担，案例二法院强制执行5个子女均担、生活不能自理老人终获赡养费，生活总算有保障了。

5月17日，年逾90岁的饶婆婆5个孩子一起来担，了解情况后，法庭向老人子女进行了劝慰，没想到...

述他们"净扎在悬浮状态"的焦虑与仿徨，记述他们几万想似梦与明天的不确给斗与期盼。

"哎，不能绝，这个我记录了他们，表着绝地继续挣扎，母亲埋藏一笑，望着绝地继续挣扎，母亲埋藏一笑，望着绝地...一步回头地看上。

饶申认为自己已履行赡养义务，不愿再支付赡养费。其他几名子女也各执一词。

在生活的多次调解下，最终效率，饶两从5月起每人每月付给付老人赡养费300元，其他3个子女每人每月给付赡养费100元。至此，5名被告的医疗费由5名子女均摊，案例二法院强制执行5名子女均摊...

图 3-26

System Innovation for Sustainability

古稀老人走失 民警救助送回养老院

The old people lost in ancient China were sent back to the nursing home

新闻来源：http://news.lotour.com/zhen-gwen/1/bp-jc-13032.shtml
采编：2016-06-24

/老吾老，以及人之老；幼吾幼，以及人之幼。/

古稀老人走失三十日 民警救助送回养老院

System Innovation for Sustainability

"抱团养老" 成功案例，其实还需要一种关怀

The successful case of "group supporting for the aged" actually requires a kind of care

新闻来源：https://www.tou-tiao.com/i5387715112/
今日头条 2015-08-18

图 3-27

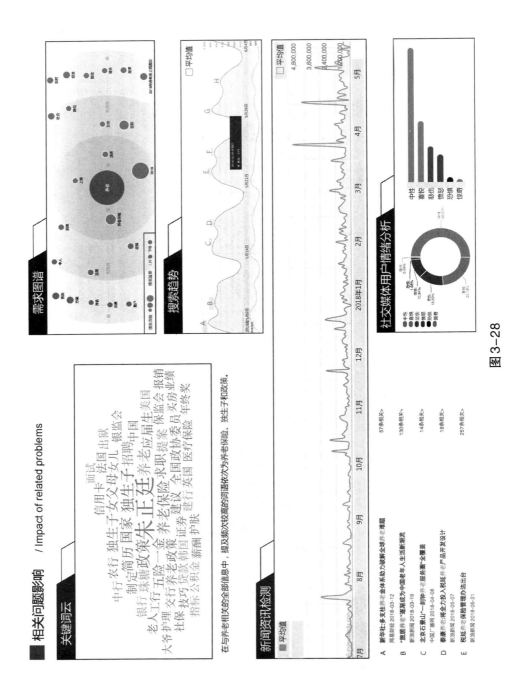

图3-28

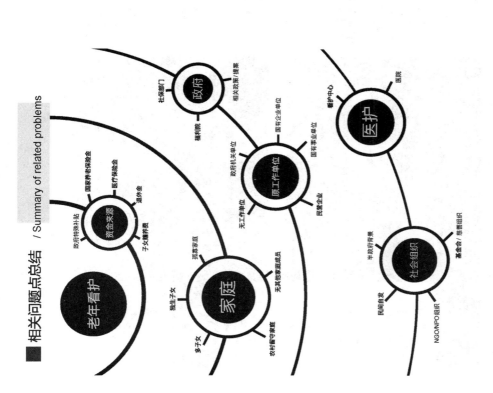

图 3-29

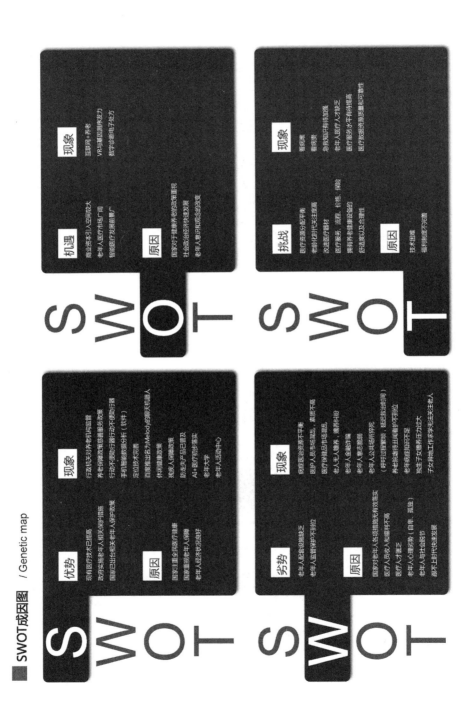

图 3-30

■ 服务系统分析 / Service system analysis

■ 服务蓝图 / Service blueprint

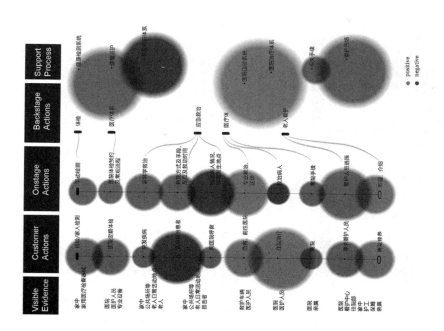

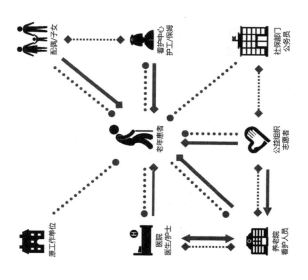

图 3-31

■ 用户深访 / Users in depth interviews

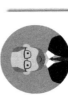

杨女士
64岁/六年老师，武汉，女

"健康的身本才是安度晚年的必要条件"

Q：您对于现在社会上的养老制度有哪些看法？
A：国家能够很好地落实到农村，为了能够使老龄人口的基本生活得到保障，当务之急是如何筹集更多的养老资金。

Q：您对于养老院的态度？
A：如果有需要，可以去养老院。安度晚年，行动力不便，儿女不在身边来迎合。

Q：您觉得养老院应该具备哪些内容？
A：提倡"医养结合"，聚集医疗，护理，康复基础内的专业化服务度。无偿活动将团队为一体的养老特点最大的特点是为人提供及时、便利、权威的医疗服务，轻生活细节和康复关不相结合。

Q：您对医疗保健知道的利弊范围？
A：医疗保健的重人本思想，医疗不能大资，国家和相关部门应该对医疗有系统的官定的标准。避免老百姓也不上当受骗。

Q：您对于未来医疗人员和护理会有哪种期待？
A：未来医疗中心人员能注重医疗服务上的细节，知己才是服务的根本指标，把握起，在治疗药品研发上要有疗效，避免患者长期跟药的负担。

Q：您理想的老年医疗中心应该是什么样？
A：老年康体验及以适应的服务的地方，有家的感觉，老年人能在这里过上安度的晚年生活，自己的子女能够放心。

Q：您对于老人的娱乐活动有什么合理的安排么？
A：老人可以跳跳广场舞，在家的话的过程中医保健一定的度度，同时候将也的生活作息感知识，才能保持一个健康的身体。

Q：您对老年人医疗保险有何看法或建议？
A：医疗保险应该加大保障力度覆盖范围，对于特殊困难群众应该予以帮扶，也可以通过社会力量打消固同老年人看不起病的顾虑，让医疗福利体系更完善。

■ 用户轻访 / Users mild interviews

▲ 个体经营者印包人　随州人 38岁，女

在学校建好开了一家图书店，生意还不错。工作很安定，别跟晚点下班。上有三位老人在老家生活。孩子在通道读书，生活压力很大，上有老下有小。对于孩子在城市上学压力大，自己以文务力赚钱，未来能够买了保险。希望自己的晚年能过好。让自己生活的更好，反而中华传统美德。

外来务工　湖北黄冈人 57，男 ▲

保安住在于武汉市有着比较的居处，心理当较。小区当保工作，工作环境较高，固本来城市打不就业。对子本身的养老问题，老人说农村现在有医疗保险，自己以无也很担忧，希望了机会能可以回去农村养老。

老年义工　光谷 垃圾清运工爷爷 75岁 ▲

由于工作时间短，老人一日三餐，生活节俭，快乐，为人风和趣。希望能够环境继续做城市，老人属于亲力而为，有望时间维持关注较，服用硬朗。老人很健康，生活比较乐观，并没有以本生活于头。对于医疗保险制度。

大学教授　武汉人 63岁，男 ▲

在武汉某知名大学任教几十年，我书懂人作为生活中，帮字满足下，由于在年轻时的的勤奋，养老及医疗保障，对于在年轻生活，有钱时间，退而有字保健，建。

图 3-32

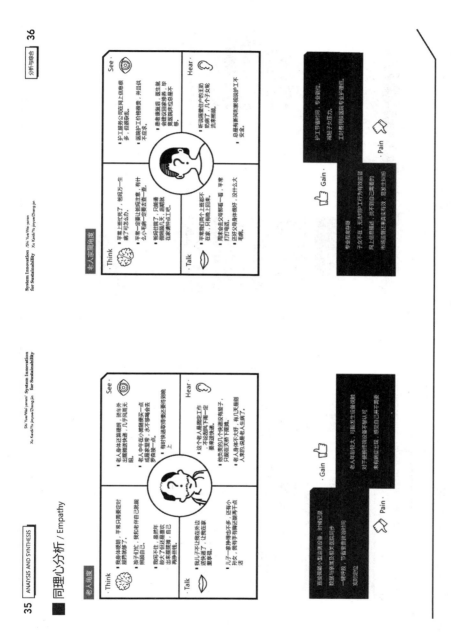

图 3-33

■用户痛点与需求分析　/ Pain point

用户需求

便携检测设备	个人情况详细记录	科学发展防治手段	交发展度展需反馈	快捷时获方式	详能信急化管理平台

用户痛点

需要照顾监护身体状况定期检查	有外出活动需求喜欢上当受骗	交发展或需快速救治	急知识置置人群不多急急救助双眼耗时长	需后需人照顾子女工作无忌时间	看护出场意见沟忌透明度不同看护过程无记录看护内场需求暴较大

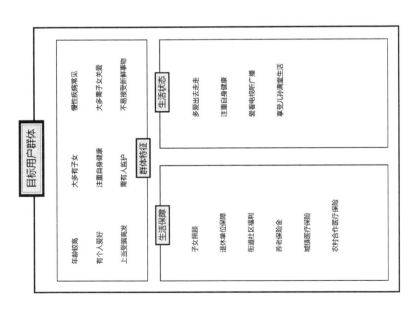

■用户分析-亲和图　/ User analysis

目标用户群体

群体特征

年龄较高	大多有子女	慢性疾病常见
有个人爱好	注重自身健康	大多需子女关爱
上当受骗高发	需有人监护	不易接受新鲜事物

生活状态

- 多爱出去走走
- 注重自身健康
- 爱看电视听广播
- 享受儿孙满堂生活

生活保障

- 子女照顾
- 退休单位保障
- 街道社区福利
- 养老保险金
- 城镇医疗保险
- 农村合作医疗保险

图3-34

第4章　服务设计的基本流程

一、服务接触点设计

（一）理解触点

服务接触（service encounter）研究最早始于20世纪80年代初期，索罗门（Solomon）等认为"服务接触是服务情境中客户与服务提供者之间的面对面互动"。广义观点则认为服务过程中的一切互动都属于服务接触，包括人、设施、环境，如比特纳（Bitner，1990）、洛克伍德（Lockwood，1994）、肖斯塔克（Shostack，1997）将服务接触分为"远程接触（如网络）、电话接触、面对面接触"。国内学者范秀成（1999）也归纳服务接触包括顾客与服务人员、环境、顾客、服务系统的接触，服务人员与环境、服务系统的接触，环境与服务系统的接触等七种形式，肖轶楠（2017）专门比较了国内外不同服务接触概念的内容，见表4-1。总的来说，服务接触包含了实体要素和无形要素两方面。

表4-1 服务接触概念理解

Normann（1982）	顾客和服务提供者双方接触的"真实瞬间"，每一次"真实瞬间"都是一次影响顾客看法的机会
Czepieletal（1985）	服务接触就是员工与顾客之间发生的面对面交互
Surprenan & Solomon（1987）	员工与顾客间的二元互动关系，即双方人际间的互动
Shostack（1985）	服务接触就是消费者与服务的互动，不仅包括顾客与服务提供者之间的互动，还包括顾客与服务设施及其他有形物之间的接触
Bateson（1985）	服务接触是由顾客、服务组织及员工三者相互作用形成的三角形，即服务接触的三元组合
Carlzon（1987）	服务接触即服务过程中顾客与服务组织任何一方进行接触并得到关于服务质量的印象的那段时间
Bitner（1990）	服务接触是抽象的集体性事件和行为，是顾客与服务交付系统间的互动，包括一线员工、顾客、实体环境及其他有形因素等对象
Lockwood（1994）	服务接触除人际互动之外，还包括顾客与其他有形、无形因素，如服务设施、环境、服务氛围等之间的互动
Gutek（1995）	服务接触是服务员工与顾客之间的偶然交互
Lovelock（1996）	服务接触是顾客与包含技术核心和实体设施两部分组成的服务传递系统的接触，包括服务人员、服务设施、非人员沟通、其他人员四部分，服务设施包括建筑、环境、自助设备等；非人员接触载体包括宣传册、广告、新闻等；其他人员指服务中碰到的其他顾客等
范秀成（1999）	服务接触分为七种：员工与顾客接触、顾客与服务环境接触、顾客之间的接触、顾客与服务系统间的接触、员工与服务系统间的接触、员工与服务环境间的接触、服务系统与服务环境间的接触，其中顾客与员工间的交互具有最重要意义
Beatson（2007）	服务接触主要包括顾客和员工的人际接触、顾客与功能设备的自助服务技术接触
Hightower（2010）	服务接触包括顾客与环境的接触、顾客与员工的接触、顾客和功能设备的接触

资料来源：肖轶楠.服务接触研究综述［J］.吉首大学学报（社会科学版）.2017，36（06）：50-51.

芬兰学者格罗路斯（Gronroos）1990年提出的服务接触系统模型较好概括了服务接触整体，如图4-1所示。该模型由后台、前台、其他接触因素三部分构成，后台是服务提供的不可见支撑部分，如企业内部部门、技术等；前台是与用户发生接触和互动的部分，如直接面对的设施设备、服务人员等；其他接触因素是不直接影响用户服务过程，但对整体服务体验有影响的部分，如邮件、宣传信息、网上评价等。

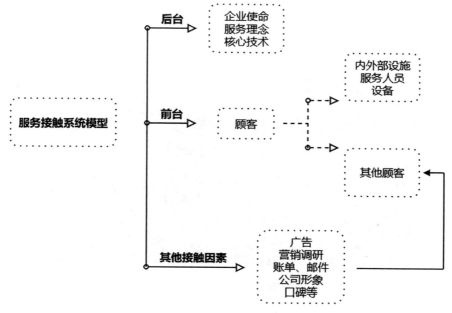

图4-1　服务接触的系统模型

服务设计的接触点指用户与产品服务产生"触碰"的关键点，如上网购物中的鼠标点击、乘坐公交车时刷卡、座椅等。在服务流程设计里，梳理服务接触点有助于全局审视用户体验、寻找问题和机会点，也是画好服务流程图的关键，透过合适的触点设计，能提高用户满意度和忠诚度。亚历克斯·罗森（Alex Rosenn）在《哈佛商业评论》2017年第3期"客户体验的真相—全程服务"一文中说到：每位客户问题都独一无二，若要准确把握具体需求，不仅需重点关注接触点，不断改进接触点前后环节，更要洞悉服务缺陷，实现全程服务。图4-2、

图4-3是两种不同的乘车刷卡触点及服务体验,支付宝刷卡解决了居民出行忘记带卡的烦恼,但不少城市为鼓励绿色出行,会给予公交卡更多优惠和便捷,如公交卡首次刷卡下车后30分钟内再次转车可免费,支付宝没有此种转乘优惠,且支付宝刷卡要提前打开手机,快速对准摄像头,否则刷卡速度明显低于公交卡,在上下班高峰期易造成上车拥堵。但在外地城市临时乘车,支付宝可以省去乘客排队买临票的烦恼,享受到公交卡式的通行服务。

图4-2 公交刷卡   图4-3 公交手机支付

广义上讲,服务接触点涵盖了用户完成一件事情过程中与相关人的关系互动及物理性互动,即触点形态包括人际触点(人与人)、物理触点(人与物)、信息触点(人与信息递送)三方面:物理接触点是指用户能够直接感受到的硬件,如票、导视栏、电梯等;信息接触点是指用户能感受到的软件,如App、网站、电子显示、自助取款机界面等;人际接触点是指用户与服务人员的接触,如线下付款、快递取货员服务等。

接触点是连接用户和服务系统之间的核心要素,它是串联用户和服务系统的体验链,如图4-4所示。随着企业产品竞争日趋激烈,服务提供者在与服务接受者之间建立尽可能多接触点以提高用户黏性，增加与用户间互动是保持竞争力的关键。以购物服务体验设计为例，用户触点包括语音应答、指示标志、包装、印刷品（价格地图、宣传册、海报等）、特定空间场景、物理环境（店铺、接待区、展架）、顾客服务（网上客服、线上线下接待员等）、邮件、运输、网站、手机与 PC 等，这些都是用户购物流程中的环境、物品、人相关接触点。

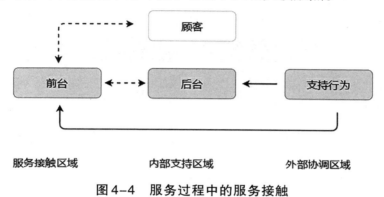

图4-4　服务过程中的服务接触

（二）服务接触点分析

接触点分析指站在用户角度描述使用者与服务提供者的接触过程及可视化分析，由此发现用户使用问题，协助检查服务体验现状及改进可能。设计师及团队通过增减、改变接触点改善服务流程，缩小体验差距。斯彭格勒（Spengler）、沃思（Wirth）等人还提出"接触点卡片法"工具模拟现有服务接触点、创建新接触点（2009）。服务接触点分析主要包括两方面。

一是体验痛点（槽点）、甜蜜点分析，痛点是用户被服务过程中的使用障碍或心理不满足点，是接触点未达到用户期望和需求的负面情绪标记；甜蜜点则是使用流程和服务体验达到用户期望的正向情绪标记。二是接触点分析还应考虑"服务前"与"服务后"阶段的接触点，将人、物、流程、环境贯穿服务前、中、后，才是服务设计触点完整的全面分析。以外卖点餐服务设计为例，其服务接触点可分为点餐前、点餐中、点餐后三个阶段，相应的服务接触点分别如图4-5所示。

其接触点形态可分为：人际触点（人与人）、物理触点（人与物）和信息触点（人与信息递送）。用户点餐人际触有朋友、同事、商家、配送员等。物理触点有宣传单、手机、外卖餐品包装盒等。信息触点有商家推广信息、其他用户点评、用户决策信息、订单信息、品牌信息、付款信息等。在梳理好服务触点后，再探究每个阶段发生的用户行为，以及每个行为对应的用户情绪。

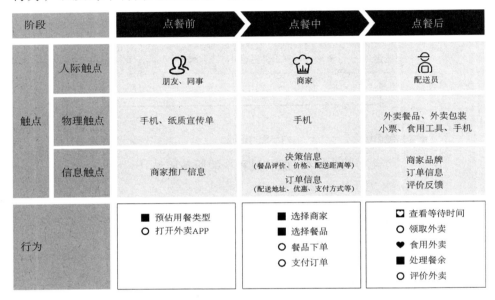

阶段		点餐前	点餐中	点餐后
触点	人际触点	朋友、同事	商家	配送员
	物理触点	手机、纸质宣传单	手机	外卖餐品、外卖包装小票、食用工具、手机
	信息触点	商家推广信息	决策信息（餐品评价、价格、配送距离等）订单信息（配送地址、优惠、支付方式等）	商家品牌 订单信息 评价反馈
行为		■ 预估用餐类型 ○ 打开外卖APP	■ 选择商家 ■ 选择餐品 ○ 餐品下单 ○ 支付订单	☑ 查看等待时间 ○ 领取外卖 ♥ 食用外卖 ■ 处理餐余 ○ 评价外卖

■痛点 ♥甜蜜点 ☑既是痛点也是甜蜜点 ○既不是痛点也不是甜蜜点

图4-5 点餐服务触点

二、构建服务主张

（一）理解设计的基本流程

设计服务的对象和领域非常宽泛，规范合理的设计流程有助于设计方案协调和沟通。无论产品设计、视觉设计、交互设计，或服务设计，

都有一些基本相同设计流程（如图4-6）设计思维（Design Thinking）
流程、双钻模型等是设计创新应用广泛的流程模型。

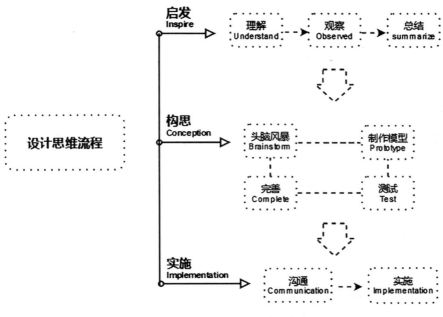

图4-6 设计思维展开

1. 设计思维（Design Thinking）流程

"设计思维"（Design Thinking）一词较早见于哈佛大学设计学院
彼得·罗（Peter Rowe）的《设计思考》*Design Thinking*（1987），主
要讲述了建筑设计师们的设计思考方法。1991年，大卫·凯利（David
Kelley）参与创立IDEO①及后来斯坦福大学设计学院（D.School），他
将设计思维引入公司项目和学院教学中。

设计思维流程包括五个阶段，分别是移情（Empathize）、定义
（Define）、概念（Ideate）、原型（Prototype）、测试（Test）。

移情：理解用户，设计研究者采用访谈、调研、问卷、观察等方

---

① IDEO是全球顶尖设计咨询公司，在世界品牌实验室编制的"2018世界品牌500强"中排名第
234。创始人大卫·凯利是斯坦福大学教授、美国工程院院士，创始人比尔·莫格里奇是世界首
台笔记本电脑的设计者，交互设计学科先驱者。

法，观察用户行为、生活习惯、使用环境，甚至可以参与式观察和体验用户行为。

定义：界定问题，发现和分析设计问题，整理"移情"阶段收集的用户数据，洞察用户行为、心理背后的问题所在，深入理解用户深层动机、态度、价值观、需求等，进而为概念设计做好人群定位和寻找问题解决思路。

概念：构思方案，提出解决办法，设计团队采用头脑风暴、情景模拟、小组讨论等方式寻找问题创新思路，一般此阶段会引入不同学科背景人员组成项目小组。

原型：制作概念原型，可视化呈现方案，使用设计草图、计算机建模、故事板、人物角色模型、实物模型、保真图等方式表达设计概念，设计小组可依据项目需要选择不同标准的原型方式。

测试：概念方案可用性测试及迭代，设计小组从技术、商业、环境、用户等内外因素评估设计原型可用性，挑选典型用户参与测试，尽可能真实准确获取反馈数据，指导下一步的修改和调整，一般这个阶段会持续多轮。

2."双钻模型"设计流程

双钻设计模型（The Double Diamond）由英国设计协会（The British Design Council）提出，描绘了设计流程中发散和收缩的过程。该设计流程一般用于创新过程中的需求洞见和概念设计，双钻模型设计中的设计流程包括四个步骤，分别为发现问题、定义问题、概念构思和方案交付，如图4-7所示。

（1）发掘/调研（Discover/Research）——深入洞察存在的问题（发散过程。）

（2）定义/归集（Define/Synthesis）——聚焦、界定要解决的问题（收敛过程）。

（3）前进/构思（Develop/Ideation）——潜在的解决方案（发散过程）。

（4）交付 / 实现（Deliver /Implementation）—— 最终的解决方案（收敛过程）。

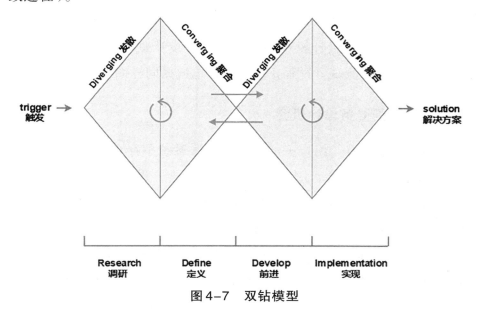

图 4-7　双钻模型

步骤 1：发现问题（Discover）

对用户、产品服务现状深入理解，包括典型用户特征、用户态度、产品使用状况、市场趋势、商业竞争、环境等。此阶段以发散探索为主，可采用用户访谈、问卷调查、竞品分析、行业分析等工具方法，收集和梳理产品及服务的整体背景信息。

步骤 2：定义问题（Define）

此阶段主要是定义和聚焦问题，是思路收敛过程，根据步骤 1 资料思考和归类发现的问题，确定决定性影响因素，如用户最在意什么、急需解决的问题在哪。发现问题解决方向和机会突破点。

步骤 3：概念构思（Develop）

此阶段主要围绕焦点问题寻找设计解决办法，是概念方案的发散，设计小组将问题具体化，提出各种可能的设计解决方式，最终形成 2~3 种相对合理的方案构思。

步骤4：方案交付（Deliver）

此阶段主要是设计方案的视觉化呈现，采用线框原型、设计草图、计算机建模、实物模型等方式拿出可交流、测试评估的设计原型。

从以上两种经典设计流程中可以看出，设计创新都需要经历"发现—定义—构思—测试"过程，服务设计也遵循同样的设计流程。

（二）识别服务设计机会

机会识别指现有"用户—产品—服务"系统中存在的不足和问题，其形态可以是产品机会、服务机会、需求机会、潜在机会等。服务设计师通过了解用户背景、服务利益相关者、现有服务触点问题等，发现可深入解决的创新方向。这一过程常用方法有背景研究、用户观察、焦点小组、设计探寻等。主要围绕用户期望（人机交互、服务等）和体验过程（接触痛点）展开调研分析，这里重点介绍观察法和焦点小组两种常用方法。

1. 观察法（Observing）

观察法是关注行为的一种用户研究方法，可以直接收集到用户在一段时间、一个事件中的行为数据，最终发掘出用户的潜在需求。它是观察者按事先计划到现场利用感觉或声像有目的、有计划地观察客观对象，收集、分析事物感性资料的一种方法，需要研究者细心观察各种现象并系统性记录，包括观察任务、组件、环境、事件、行为和互动过程。从通用设计角度看，观察不同年龄、生活经验、知识背景、语言或行为能力等使用者所产生的不同行为反应，有助于设计师对产品使用过程和特定环境有总的理解，更加理解不同使用群体的能力和需要。在实际应用中，观察方式有外部观察、参与式观察两种形式，其特点见表4-2。

表 4-2　观察方式分类

观察方式		特点
外部观察 （非参与式观察）		观察者以第三者姿态置身于用户外，不参与观察对象的活动，甚至不与他们直接交往，这种方法可能会使观察者处于尴尬境地
参与式 观察	半 参与式	观察者不一定参与所有活动，在不妨碍观察对象的前提下保留自己的一些行为特点，但通常在语言和生活习惯上与观察对象保持一致，观察对象知道被观察，但不强求观察者按他的行为模式做
	全 参与式	观察者不暴露自己身份、避免观察对象知道被观察，完全投入到被观察对象活动中，在这一过程中，研究者要牢记自己是普通成员，在活动中多看、多听、少发言、少提问，以免被察觉

一般情况下，观察实施过程包括明确观察对象和研究问题、观察准备、观察实施、观察后的整理与分析四个阶段。

阶段 1：明确观察对象和研究问题。包括观察的对象是什么、要研究的问题是什么、特定的观察情境是什么。

阶段 2：观察准备。选择被观察的用户群体、观察方式、准备观察的工具（录音录像设备、纸、笔等），征得拍照和声音、视频记录许可权。

阶段 3：观察实施。通过观看、倾听、询问、思考、记录等方式进行数据收集，观察内容包括用户表情、非语言动作、产品使用情形，详细描述被观察者操作过程及遇到的问题。要注意的是，这个阶段不要打扰用户，以免对被观察者行为产生干扰，现场记录信息包括记录客观发生的现象和记录观察者自己的想法。

阶段 4：观察后的整理与分析。观察结束后，观察者可与被观察者访谈，询问操作原因，进一步了解使用者的动机及需求。由于现场观察十分忙碌，有些记录可能比较简略，只是几个字或简图，这需要观察结束后尽快整理和转化为有效数据，归纳出用户的行为模式，寻找有趣的设计突破点。

2. **焦点小组方法（Focus Group）**

焦点小组也称小组座谈法，是帮助设计师深入了解用户行为及需求的常用方法。它采取小型座谈会形式，由主持人以无结构、自然形式与挑选好的典型用户一起交谈，从而在短时间内获取用户体验态度和看法的工具方法，是一种快捷廉价、可观察、可触摸、无术语的方法。实施焦点小组的基本步骤如下。

步骤1：访谈前准备

一是招募目标群体。确定焦点小组的参与者特点，向符合特点的目标群体发出邀请，要注意的是不要招募相互认识的人，5~10人的规模最好。一般情况下，焦点小组的招募标准包括与产品使用经验相关、职业分布的多样性、男女性别比例、表达能力、参与者动机等。

二是开始前的访谈工具准备。包括文档（访谈脚本）、设备（相机、录音笔）、文具（签字笔、白板笔、便签纸、白纸等）、场地、物品（杂志、小礼物、零食、水杯）。

三是编写指南与选择主持人。指南包括介绍、话题讨论概要、总结。主持人应事先有一些训练，对谈话要求和脚本熟悉，逻辑清晰，表达能力强，能较好地维护交流氛围。

告诉小组成员不必对问题看法达成一致，每个人的观点都有价值；确保第一个提问能够鼓励人们开口交谈；在访谈开始有必要同小组成员就一些基本规则达成一致，征求他们的建议，将他们的看法记录下来，帮助建立小组成员对探讨相关问题的自信心，不要干涉小组成员发表自己的见解。

步骤2：访谈过程中

一是开场介绍，为讨论定下基调，打破参加者之间的冷场，并解释讨论过程。如"大家好，欢迎大家来参加讨论。我是谁（名字），我是哪个公司研究员，我们主要想了解下大家对他们的产品和概念有什么想法和观点，今天讨论的任何产品与我无关，我对这些产品也不会有感情上的联系，所以大家可以畅所欲言"。

二是座位安排。挑选一处安静空间，打印用户名牌放在用户座位桌面上，如图4-8所示。

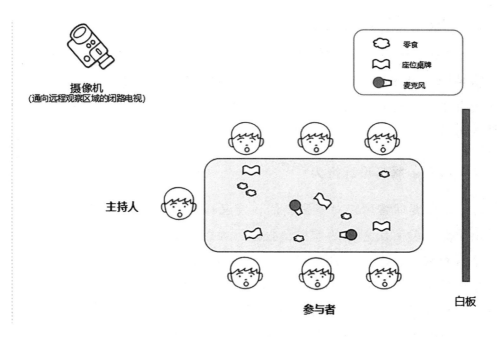

图 4-8　访谈环境布置

三是访谈中的引导和注意事项。主持人要注意小组成员情绪，鼓励说话不多的人积极参与；要巧妙引导话题讨论围绕主题进行，避免让某些个人控制小组访谈全局。此外，访谈中还要注意以下问题，见表4-3。

表 4-3　访谈注意问题

注意问题	内容
集体思维	在小团体中，有的人为避免与他人冲突，倾向于赞同他人，形成集体思维
有人迟到	焦点小组一旦开始就不要再加人，让迟到者跟上进度会破坏访谈氛围
群体沉默	有时一群人都没兴趣讨论话题，主持人要根据情况调整指南和时间表，采取果断措施让参加者参与讨论（如把讨论环节变成开放式头脑风暴，或转换到小组感兴趣的问题上）
参加者不发言	用户不说话的原因多种多样，可能是对主题没好感、意见没得到分享、害羞等
过于健谈者	有些人聊起来没完没了，会减少他人的发言机会

步骤3：访谈结束后

访谈结束后，总结所听到的被访者观点，向小组成员求证他们的想法是否被表达清楚；向人们致谢，感谢他们愿意抽时间合作；询问参与者是否有问题要问你，问问人们参加焦点小组访谈后的感受，并尽快将重要观点整理成摘要文档。

（三）服务设计行为

在深度理解用户背景资料后，定义用户行为是发现用户问题、提出服务体验解决思路的前提，服务行为思考包括用户对整个服务流程是否有兴趣、服务场景要素对用户行为的影响、服务如何感知和服务痛点是什么。这些行为研究会应用服务设计相关工具梳理和视觉表达，如用户体验地图、利益相关者地图、服务系统图、服务蓝图等，帮助设计团队把服务行为转化为问题洞察，重新定义服务行为体验，为服务原型设计提供解决方向。分析用户行为影响因素时，可以从自然因素、用户因素、社会因素三个方面展开。

自然因素指城市环境、服务场景、生活水平等客观因素影响用户行为，这些方面与用户行为正向体验成正相关。用户因素指家庭人口数量、用户行为方式、生活习惯和受教育程度等因素。社会因素指政府、企业对产品服务的相关供给要求，如社会规范、行为准则、制度等影响，如图4-9所示。

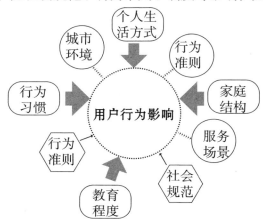

图4-9 用户行为影响因素

以近两年媒体上"电梯左行右立"讨论为例，在多数人的观念里乘电梯时右边站是高素质体现，但现在越来越多国家、城市开始取消"左行右立"要求。2015 年南京地铁要求人们不要在扶梯上快速行走，上海、广州也都明确取消这一要求，日本铁路公司倡导居民站在电梯两侧，2018 年广州地铁官方微博专门提问：为什么不再提倡乘梯"左行右立"。

梳理国内媒体给出的理由主要有两条：一是扶梯台阶高，电梯上左侧行走站不稳，容易摔倒和影响他人安全，造成连串意外事故。此规则会导致电梯左右受力不均，电梯右侧机件磨损较大，影响电梯使用寿命。二是人流高峰时期，电梯"左行右立"规则使扶梯有一半空间被浪费，没有双侧站人有效率，并排站立有利于缓解拥堵。

如果查找相关资料和追溯电梯"左行右立"产生原因，可以发现该规则最早出现是为特定时期、特定情境服务的，如英国、中国香港早期部分地铁站点没有楼梯，考虑到赶时间人群、特殊情况需要，以倡导"单边站立"方式预留通道，协调环境限制下的多样化出行服务需求。另外，不少经济发达国家都举办过世界瞩目的超大型活动，如1970年日本大阪主办世界博览会、2008 年北京举办奥运会、2010 年上海承接世界博览会等，为缓解密集人流通行压力，兼顾不同人群快速通过，各国都曾将"右侧站立，左侧通行"作为文明礼仪推广，这些促使人们逐渐习惯"单边站立"和养成自觉"左行右立"的社会习俗。

但随着城市通行设施日益完善、通行能力提高和人性化，为应对特殊服务场景、服务事件的电梯通行服务不一定适用日常生活管理，电梯"左行右立"规则设计的争论和出行服务的改变正是用户行为受自然因素、用户因素、社会因素影响产生，虽然电梯站立规则已经改变，但长久以来形成的惯性仍随处可见，如图4-10所示。

图4-10   随处可见的"左行右立"习惯

对用户服务行为还可采取定格分析方法，这里以家庭废旧包装打包处理行为为例，用定格分析法梳理其动作行为意义，如表4-4所示。

表4-4   旧物打包处理行为分析

动作定格	拆分包装盒	销毁信息	打包纸张	投放塑料垃圾	上门收购	社区定点投放
行为意义	包装牢固，需要用剪刀等工具	避免私人信息泄露	集中同类可回收废旧物，便于售卖	不可回收，单独投放	废旧物回收	便于后续处理

在行为定格分析的基础上，进一步采用"体验点评价"对用户行为给出相应判断，如表4-5所示。

表 4-5 快递包装拆解体验点评价

体验点	生理	认知	文化	社会	情感	问题说明
包装盒	0	1	0	0	1	包装盒表面破损，可能在运输过程中有挤压
快递单	0	1	1	1	1	核实购买信息，保留以备退货时使用
粘胶	0	1	0	0	−1	
绳子	0	0	0	0	0	
包装袋	0	1	0	0	1	
气泡膜	0	1	1	1	1	
笔	0	1	2	2	1	销毁信息时涂抹不匀，部分信息仍然可见
垃圾袋	0	0	1	1	−1	
客厅	0	1	2	2	2	
销毁信息	0	−1	1	1	−2	
投放垃圾	0	1	1	1	1	包装袋过大，所占垃圾桶空间较大
拆分包装盒	0	1	1	1	2	

注：评分分为 −2、−1、0、1、2 五个档次，−2 最糟糕，2 最好。

最后由用户观察抽取行为特征：

用户拆开包装盒较为吃力，且快递包装盒纸面有破损，不便于拆分回收；塑料包装袋偶尔作为垃圾袋使用，但一般空间较小，选择直接丢弃；包装盒和包装袋表面灰尘较多，一般清理完包装需要洗手；包装盒折叠麻烦、丢弃过程不方便、回收桶装不下，有时只能扔在回收桶旁边，影响公共环境卫生。

三、服务设计原型

原型是服务设计概念形象化和具体化的表达工具，可以是线条、图形描绘的产品服务线框图，也可以是模拟功能场景、用户体验过程的视频、实物模拟等。设计原型是服务设计抽象概念转向具象可视的初级阶段。设计团队根据服务原型概念不断验证设计想法。

（一）服务情景设计

情境指在具体时间、地点的人群、物品、行为状况；情境结构包括人、物、环境、行为四部分；情境设计价值在于"人本主义"创始人卡尔·罗杰斯（Carl Ransom Rogers）的"共情"意义，即设计师借助情境深入理解用户情感和思维，分析服务行为问题的实质。它要求设计师按时空顺序叙述、串联用户行为及相关物品、环境因素，有形描述服务体验。

情境设计建立在细致观察的基础上，客观、真实、无偏见地描绘与记录，包括人、物、时间、地点及互动过程。服务设计的情境分析法形式多样，如画故事、草图、照片、角色扮演等。设计师通过搜集、观察和认识情境，用视觉化呈现"人""时间""地点""事情""物品"基本要素，从中提炼出隐藏的问题细节，进而转换成设计概念。

这里以校园运动服务情境分析为例，设计小组主要想了解大学生日常运动有关的产品和服务，以便深入挖掘用户运动服务需要，采取情境分析方法从"用户目标""群体特征""运动相关行为和事件"三方面开展，以照片聚类法完成，情境分析内容包括：

1. 室内和室外运动环境分析

（1）室内（图4-11）：①北区体育馆羽毛球场地；②北区体育馆跆拳道场地；③西区体育馆篮球场地；④西区攀岩馆；⑤北区体育馆乒乓球场地；⑥北区体育馆羽毛球场地；⑦北区体育馆；⑧西区体育馆篮球场地；⑨西区体育馆体侧室。

图4-11 室内运动环境

（2）室外（图4-12）：①北区室外篮球场 ；②北区室外篮球场；③北区健身场地；④北区小操场；⑤北区小操场篮球架；⑥西区小操场篮球场；⑦西区大操场 ；⑧西区大操场；⑨西区网球场。

图4-12 室外运动环境

2. 群体特征——户外白天运动人群分析（图4-13）

图4-13　户外白天运动人群

①西区体育馆内活动的学生；②北区健身区的年轻人；③西区攀岩壁前的男生；④西区操场拔河的群体；⑤西区操场军训的小朋友；⑥羽毛球锻炼的大叔；⑦西区小操场投篮训练的女生；⑧北区小操场篮球比赛的男生；⑨东区玩乐的小男孩。

3. 室内和户外运动产品和服务分析（图4-14）

图4-14　室内和户外运动产品和服务

①北区小操场；②西区体育馆门口；③东区游泳馆旁泳衣专卖；④西区美克体育；⑤东区游泳馆旁沃特体育；⑥西区网球场；⑦西区攀岩馆；⑧东区游泳馆前；⑨西区体育馆体测室。

（二）服务原型呈现

1. 原型的构建

正如前面章节所言，服务原型主要涉及人（用户）、服务系统、使用情境，设计分析和讨论中会单独建立对应原型，如图4-15所示。原型材料和技术手段也是多样的，如纸原型、DEMO、Flash原型、图形化编程、Arduino原型、实体材料搭建等，但好的原型关键在于设计概念要素关系的准确描述，原型媒介和工具材料根据方案论证和探索而定，这里以公共出行的乘坐服务设计原型构建为例。

南望山是武汉靠近东湖风景区的最近一站，附近大学、本地居民数量较多，人们外出选择公交出行，必须从南望山站出发到光谷广场转乘地铁或公交转站。

（1）用户原型

针对典型用户的人物原型构建，涉及用户背景调查、人群基本特征（年龄、职业、家庭等）、心理特征（性格、认知、使用感受等）、行为特征（习惯、需求、使用方式等）。

（2）服务系统原型

针对服务过程的相关要素关系构建，涉及用户的行为交互、体验感受、服务流程等，原型工具如用户旅程地图、服务蓝图。

（3）情境原型

针对用户服务情境相关物品、环境等进行描述，如公交车乘坐服务情境包括公交卡、手机扫码、公交车刷卡机、司机、座椅、其他乘客、公交站台、上下车等环境要素，原型工具可以使用故事板、视频原型等。

人物原型

○ **基本特征** ▶

性别、年龄、民族、职业居住地、健康状况、家庭状况、兴趣爱好、典型的一天如何度过（工作日与休息日）……

○ **心理特征** ▶

观察力、记忆力、受教育背景、职业技能、性格、认知能力、对设计目标物相关知识的熟悉程度……

○ **行为特征** ▶

日常行为习惯、出行方式、使用设计目标物的行为习惯、相关操作的执行频率、相关产品操作技能……

情境原型

○ **物质情境** ▶

◇温度、湿度、噪声、照明条件、粉尘度、开放性、放射性元素、辐射等环境参数。
◇ 使用系统时所需的相关设施、设备等。

○ **非物质情境** ▶

◇人与产品进行交互时所需的相关技术服务、管理方式、人与技术服务提供者的相互关系等组织管理因素。
◇ 交互过程中所处的社会环境，如人群密集程度、特殊社会场景、人际关系状况等。

系统原型

○ **视觉原型** ▶

对系统外在视觉呈现的模拟，在不同的设计阶段根据设计方案的完整程度构建相应的视觉原型。

○ **功能原型** ▶

用电子元器件、相关物理结构、机械机构模拟系统的功能实现过程，用以检验系统功能的完整性和有效性。

○ **交互原型** ▶

利用相关的控制元件和显示元件模拟人机交互过程，以检验系统人机交互设计的可用性、可靠性和学习性。

图 4-15　原型构建手段

2. 原型保真度

原型一般有低保真（Low-Fidelity）原型与高保真（High-Fidelity）原型。保真度只是设计流程的一个阶段，不等于设计最终完成。其中，低保真原型只表达出服务流程和关键接触点，能快速构建，适合方案早期和讨论时使用及内部沟通交流，不能体现交互细节、功能和流程相对粗糙，不适合用户理解和思考。高保真在服务逻辑、交互行为、视觉呈现等方面更接近最终形态。

（1）纸面原型

纸面原型（Paper prototyping）快速灵活，不需复杂工具和技巧，准备足够卡片纸、铅笔或马克笔，设计小组一起在每张纸片上写一项基本功能内容、框架、流程或画上界面草图，用粗细不同线条、图形等画出逻辑关系，贴在白板或放在工作桌面上，团队成员一起商讨概念设计线索和方案。讨论过程中随时可以挪动卡片到更合适位置，分析出大家满意方案时可拍照保存结果，继续下一轮讨论，纸面原型比草图更直观且修改灵活，表达的细节可相对丰富也可简单，是不错的低保真原型方式，如图4-16和4-17。

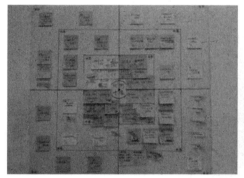 

图4-16　卡片上墙分析　　　　图4-17　纸面原型讨论

（2）线框图与原型

随着社会信息化程度的日益深入，生活产品出现越来越多的智能化功能，智能产品通用设计成为新的关注焦点，也相应增加了新的信息设计图解方式，即线框图和原型设计。线框图（Wireframe）是以线条和图块绘制产品功能和操作，省去了各种视觉元素，可手绘或电脑绘制，主要供团队内部交流使用，在创意表达上具有快捷、低成本优势。当然，其视觉特性局限性也很明显，在设计小组与客户交流和用户可用性测试时，客户和用户难以真正理解，这就需要在线框图基础上进一步完善、能真实模拟用户操作、可互动的高保真原型设计，便于用户从形式、互动、可用性方面提供反馈意见。

线框图是产品设计的低保真原型呈现方式，与传统产品相比，智能产品外形简单，产品功能、信息架构、用户体验、用户交互流程是设计重点，在这种情况下，线框图能较好表现信息功能、勾勒结构和布局、用户交互主视觉和描述。智能产品交互界面内容一般是图片、视频、文本，线框图使用线条、图块和灰阶色彩填充即可完成。通常情况下，被省略地方用占位符（图块）标明，图片用带斜线线框替代，文本按编排形式用一些标识性文字替代。

线框图使用的颜色保持最低限度，线框图的颜色最好选择蓝色或灰色，整体呈中性颜色，这样能让客户专注于整体流程结构，而不被强烈的色彩吸引。低保真线框图中已经有清楚的视觉层次，虽然还不能确定具体放什么图片、视频和文本细节，但大体轮廓已经呈现。可以用"X"表示图像，"≡"表示文字区域。线框图可以徒手在纸上绘制或使用原型设计软件完成。这里以设计草图手绘进行介绍，便于课程中更多地训练学生如何思考更重要的线框逻辑，设计软件学习有专门教材。

步骤1：定义设计目标，列出线框图的核心功能，要注意整个逻辑的构建。

步骤2：用浅色铅笔在白纸上画出基本框架和主要区块。

步骤3：先用最浅的灰色马克笔上底色，颜色浅可以多叠加几次，这样做可以避免因不熟练造成颜色重了难修改。

步骤4：用黑粗笔描绘轮廓线，画图块代表相应按钮。

步骤5：用细黑笔写字和补充细节。

线框图要注意以下细节：结构（如何安排整个界面的布局比较合理）、内容（哪些内容会在界面上显示）、信息化层次（如何把想表达的信息详细简单地传递出来）、功能（如何合理安排界面功能）、行为（如何与用户交互，如何表现）。

要强调的是，手绘线框图多用于方案构思和思考，不必太在乎绘图形式审美，线框图的最大作用是描述功能与内容的逻辑关系，是界面功能结构的构思。随着原型设计软件的功能完善，正式交流中软件绘图更清晰规范，也更适合企划、客户、用户等人群观看习惯，以下是几款不错的线框图工具，如表4-6所示。

表 4-6　原型设计常用的软件工具

原型工具	特点
Solidify	允许用户将草图、模板、线框图转为可点击原型图，容易测试、节省时间，还可与其他设计师分享工作成果、得到反馈
PowerMockup	能提供丰富线框图模板（菜单、列表、文本框、按钮和标签），对新手要求不高，没有复杂参数和编程要求，几乎全程"无脑"操作，用户只需拖移组件即可，还可自行更新、添加组件到组件库，演示简单，支持发布到云和导出演示包
UX Pin	一款在线原型设计工具，学习门槛低，工具中有大量设计元素和模板供选择，能适应各种分辨率屏幕和设备，可以创建高保真原型，支持从Sketch 和 Photoshop 导入设计
Axure	能快速创建应用软件或 Web 网站线框图、流程图、原型和规格说明文档，是一款非常专业的工具，学习成本难度也较高
Balsamiq Mockups	支持几乎所有 HTML 控件原型图，如按钮、文本框、进度条、多选项卡、颜色控件、表格等，画出的原型图是手绘风格图像，看上去非常美观

注：目前，各种原型设计工具非常多，除了以上这些，还有 Protoshare、FluidUI、JustinMind、Omnigraffle、QuirkTools 等。

四、服务原型测试

经济学者们在研究产品与服务价值时，指出产品和服务的评价是两种不同属性价值，并提供了"高搜寻质量、高体验质量、高信用质量"分类方法审视用户决策。前一类依托物性质量因素，如颜色、风格、价格、硬度、材料、结构、感官等，后两类依托体验因素，如耐用性、易用性、舒适度、情感等。泽丝曼尔认为"产品属于高搜寻质量产品最容易评价，高体验质量产品较难评价"（如图4-18）。当前，关于产品物性价值的评价方法多且相对容易，但服务原型测试相对困难。

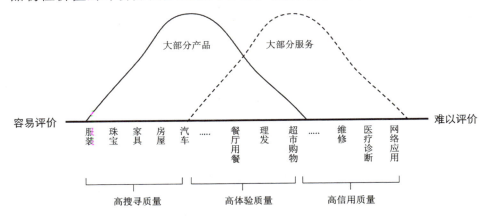

图4-18　产品和服务质量评价分类方法

本图来源：瓦拉瑞尔 A.泽丝曼尔.服务营销（第7版）［M］.张金成，译.北京：机械工业出版社，2018：20.

（一）评价标准

20世纪80年代，随着"以用户为中心"设计方法的兴起，用户心理与操作相关的可用性研究被重视，并应用到产品、服务、体验设计等实践项目中，可用性设计评价是产品（服务）满足用户认知、行为习惯、功能需求的效率、易用性、满意度测试，国际标准组织（ISO 9241）定义了用户可用性标准是有效性、效率和满意度。如图4-19所示，可用性分析可广泛应用于"以人为中心"的产品和服务领域，由于可用性定义不易评价，国内外不少学者围绕评价标准提出了多种方式，布瑞恩·沙克尔（Brian Shackel）（1991）将可用性分为有效性、可学习性、灵活性和态度，雅各布·尼尔森（Jakob Nielsen）（2004）将其归纳为"可感知、可操控、一致性、防错性、易记性、效率、满意度、认知性、帮助、简洁"十大原则，汤姆·图丽斯（Tom Tullis）和比尔·艾博特（Bill Albert）引入"可用性度量"概念使用户体验设计和评价增添结构性元素。许晓峰、高颖专门在"服务设计中的可供性评价体系及其应用研究"一文中解释到"服务设计实现过程中用户的体验、效率、效果、满意度等人的因素，也是是可供性所指向的内容。"[①] 并提出服务设计可供性评价体系和要素"物—功能、物—人"界面，如图 4-20 所示。哈德逊（Hartson）提炼的可用性指有用性和易用性。

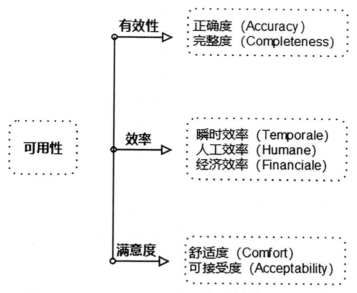

图 4-19　ISO 9241-11 国际标准定义的可用性架构

　　综合以上理解，可用性评价标准包括效率、有效性、易记忆、易用、有用性、包容性、防出错、满意度、可学习性等相关内容，但最主要的标准是效率、满意度和效益。可用性测试（Usability Inspection）就是以这些标准为目标，对服务设计方案（原型）的用户"接触"和"使用"展开评价。

---

① 许晓峰，高颖 . 服务设计中的可供性评价体系及其应用研究 [J] . 装饰，2015（2）：108.

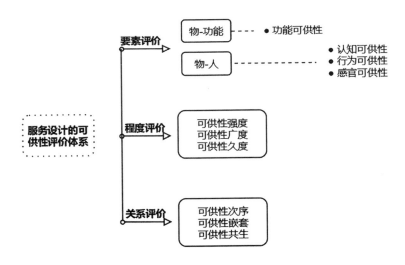

图4-20　服务设计可供性评价

本图来源：许晓峰，高颖.服务设计中的可供性评价体系及其应用研究［J］.装饰，2015（2）：109.

服务原型测试主要是用户体验可用性评估，通过观察、记录和分析典型用户使用产品（服务）过程、行为与感受，帮助设计小组发现服务原型存在问题、提供设计迭代的改进方向。可用性评估一般选取5~7名参与者，观察用户的使用感受、认知能力及无意识行为动作，此期间可采取录音、拍照等方式记录和描述用户与产品服务的交互有效性，评估完成后可以获得一份用户体验清单。

（二）原型评估方法

体验可用性测试应用一些方法了解和分析用户使用产品或界面过程的问题、生理心理体验感，测试形式多样，如原型测试、专家测试、仪器测试等。若考虑简单易行，常见的服务体验原型可用性评测有分析性评估（问卷、访谈和可用性观察）和经验性评估（卡片排序）两类。

1.观察和访谈

可用性测试中需要搜集各类数据以便后期分析，一般选择在专门体验测试实验室进行，并选择合适的工具来协助。实验室通常包含测试室和观察室如图4-21。测试室供主持人和用户使用，有时候也会有观察记录员或者速记员在内。观察室供观察记录员、产品开发人员以及其他相关人员使用，在不打搅用户的情况下观看测试过程。

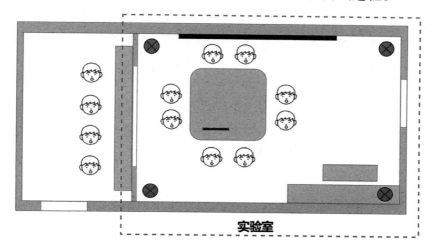

实验室

图4-21 观察室

常见和产品可用性测试是观察和访谈形式，其测试的一般过程有：

（1）定义用户并招募

选择具有代表性的用户，可以从三个角度入手：人口学特征（性别、年龄、学历、职业、地域等）、使用动机（买家/卖家、企业/个人等）、使用经验（使用时长、竞品使用情况、互联网使用年限等）。据统计，5名用户大约可以发现85%的问题。一般在迭代测试中，用户数量一般控制在5~10个。如果用户类型较多，可安排每个类型3~5名用户。样本要具有代表性，比如你可以根据用户的使用习惯划分出一般性用户、习惯性用户、重度使用用户及专家型用户。当然种类细分越全面越好，选出的用户具有代表性，测出来的问题才具有价值。

（2）创建典型任务

通过内部沟通确定一份功能测试清单和测试目的与性质，一般选择产品5~8个功能点（常用功能、新增功能、高关注度功能）测试，根据测试目的创建任务及展现顺序，在任务顺序难以抉择时，可在团队内用优先级打分方式来评估，在可用性测试中，以用户任务的方式展示出来。任务要能够代表典型用户的行为，并且聚焦在我们关心的功能点上。任务设置要具体、可执行，尽量接近用户使用的实际情况。联系产品或页面的使用场景，给用户提供执行任务的情境信息，如告诉用户为什么要查找信息、为什么要购买物品等。避免专业术语或内部用语。

测试场所一般使用圆桌会议室或茶话间，保证测试间是一个安静空间，便于用户能全神贯注于任务的执行。

（3）测试观察

在对正式的可用性测试做好以上充足的准备之后，研究人员需要做的就是观察并记录人们执行任务的过程，并与测试的用户进行沟通。具体的沟通办法参考上文提到过的发声思考法和回顾法。

（4）测试结果整理

用户可用性测试结束后，研究者要仔细分析每个参与者的测试记录，整理发现的可用性问题，判断问题的严重程度。

2. 卡片排序法

卡片排序法是一种免费、简单、快速、实用的原型可用性测试方法，由用户根据自身认知将内容卡片摆放到相应位置，以便分析用户视角的功能关系，重点是了解用户认知和行为逻辑。它可以帮助设计师对关键信息分类组织，特别是信息架构非常适用，能有效了解界面布局、功能结构合理性，服务设计体验原型使用卡片排序法有助于设计师找到用户期望和使用趋势，判断服务原型交互流程的可用性。

（1）准备阶段

卡片法主要是测试用户对信息、流程的组织邀请，一般招募4~10人即可达到较好的评估效果，评估时每次安排一个参与者测试，一次15~30分钟左右，这里推荐了凯西·巴克斯特（Kathy Baxter）列出的执行阶段时间表作为参考，如表4-7。

设计小组事先准备足够的空白卡片，每张卡片写有相应行为需求和功能，也可以使用图画，要便于参与者快速理解，每张卡片1~2句解释文字即可，卡片数量多少不定，一般30~50张左右，如果卡片数量过多，需要模块化分类测试，如图4-22所示。

表4-7　执行阶段时间表

预估时长	步骤	
1	3 分钟	欢迎参与者（自我介绍、表格填写）
2	5 分钟	分类练习
3	3 分钟	活动说明
4	30~100 分钟	活动执行
5	5 分钟	结束（感谢参与者）

本表来源：凯茜·巴克斯特.用户至上：用户研究方法与实践（第2版）[M].王兰，译.北京：机械工业出版社，2017：250.

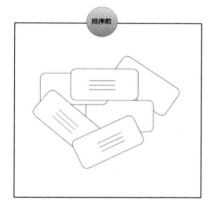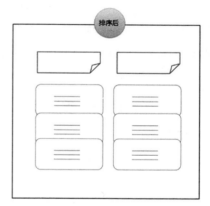

图4-22　卡片排序法

（2）召集参与者

主持人向参与用户解释卡片分类规则要求、评测目的，如"这些是××服务体验的界面和功能卡片，我们请你按自己的习惯把卡片功能按流程排列和分类，时间没有要求，分类没有正确或错误之分，自己觉得合理就行，不必关注他人如何认为"。

确定参与者明白测试要求后，将打乱顺序的卡片分散在桌面上，提示用户先熟悉卡片再分类。参与者遇到不知道如何分类的卡片可以单独拿出来放一边，确定分类完成后，邀请参与者用铅笔将需要补充的功能或界面写在即时贴上，补充到自己认为合理的卡片分类里。

要注意的是：

不能让参与者处于压力状态下完成，在参与者遇到困惑时要及时帮助和给予解释，引导人员在交流中不要表达个人观点，发现参与者困难和犹豫状态要多了解和记录。

卡片内容要让用户清晰易懂，避免歧义或误解，不同卡片内容避免意思相近，一张卡片写一项功能或界面内容，不要包含两个信息内容。

（3）卡片分类结果评估

当所有被邀请用户完成参与过程后，一方面要对用户分类行为进行小结，如用户感觉有哪些困难、有哪些不满意处、为什么这么分类。另一方面把卡片排列和分类结果集中到墙面上，从分类趋势和归类特征上整理用户体验期望、问题和不足。另外，还可以要求参与者对不同的服务功能和界面卡片进行评分，以进一步帮助设计小组评测服务价值可用性。如采用"–2、–1、0、1、2"五个分数阶位代表用户对服务功能可用性的偏好度，设计小组统计全部参与者的分数评价来辅助可用性研究。

第5章　社区服务设计案例研究

一、垃圾源头分类服务现状

（一）生活垃圾误解

改革开放以来，社会物质极大丰富，人们逐渐习惯于物品用完即扔，这不仅影响了生态环境，而且浪费了产品经济价值。从可持续角度看，废旧物只是原有使用价值衰退，其"废弃"是某一方面的使用价值失去或衰退，但产品本身可能还存在其他方面的使用价值或转换价值，可见，废旧产品仍具有较高的回收利用性，是一种再生资源。这是人们重新审视废旧产品的认知基础。

1. 错位的资源

2013年7月，习近平总书记在武汉考察废弃物回收再利用时说到"垃圾是放错位置的资源"，即垃圾状态是产品使用失序的呈现，如生活中对废旧物、垃圾等习惯描述成"脏、废、毒"这样的词语，其实，这种认识就是对废旧物失序状态的一种消极态度。以做菜为例，吃剩下的不同菜混在一起装进火锅就是美味的锅底（混沌状态），放进垃圾袋就是脏乱的垃圾了（失序状态），这个例子虽然朴素。却真实形象地描绘了废旧物是放错位置的资源。玛丽·道格拉斯（Mary Douglas）在《洁净与危险》一书中从人类学角度谈论了洁净是错位和分类的问题，及社会秩序的映射，这与废旧物的资源化认识观不谋而合。

从废旧物的"废"来看，传统社会的"废弃"与今天的"废"弃有区别，过去的旧物件一般会修补后继续使用，废旧是"功能"的概念。今天的人们则极大降低了废旧门槛，废旧一定程度上是"过时"的概念，在消费经济推动下形成了用后即弃的一次性习惯，人们进入快速废弃型的消费社会。

从资源经济的角度看，废旧资源再生利用有着巨大的生态效益。据统计，回收利用1吨再生资源可少处理4吨垃圾，回收利用1吨废钢铁可减少矿石20吨和炼钢煤1.2吨。在欧美日地区，废纸回收率高达80%以上，每回收利用1吨废纸可增加0.8吨再生纸和节约木材4立方米，如果全球有一半的废纸得到回收利用，就能满足新纸需求量的75%。由此可见，废旧物价值惊人，如果利用得当，为经济发展和生态环境带来积极影响。因此，垃圾是放错地方的资源，对城市居民而言，日常生活垃圾有很大部分可以再利用。如纸张可用来做再生纸品，塑料瓶加工为其他产品，有机垃圾生物处理变成肥料或燃料。

2. 非源头处理二次污染

快速城镇化和人口剧增使工业生产与生活垃圾增长迅速。过去，垃圾处理多采用堆肥、填埋、焚烧发电、微生物处理等减量化、资源化手段，随着生态环境问题的突出，这些手段表现出各自局限性，在处理过程中产生新的二次污染，这应该引起人们高度重视。

垃圾填埋时，垃圾中有机成份会产生含有大量的微生物、重金属及酸性或碱性成分的渗滤液，严重腐蚀填埋设施，渗入地表或地下水造成二次污染。堆肥处理可以将垃圾体积缩小30%—50%，堆肥后的垃圾还能作为肥料施于农田，但受分类不彻底影响，也会导致有毒微生物、重金属随堆肥进入土壤，最终通过食物进入动物和人体造成健康隐蔽伤害。焚烧发电能使垃圾体积缩小50%—95%，焚烧散发的热可供暖、发电，但处理中会排放烟尘、一氧化碳等污染物，对大气环境造成破坏。

3. 消费方式的粗放制约

消费方式指人们消费物质财富的方法、途径和形式，人们在不同的社会经济条件下，形成不同的消费观念和形为，并外化为某种生活方式，如铺张浪费、勤俭节约等，消费方式反映了生活特征、物品价值观及习惯，在实际生活中通过消费选择引导不同物品的生产和处理，进而构成不同的经济发展模式。

当前，在技术和设计的助推下，非理性消费、过度消费现象严重，生活产品废弃周期加速，这不仅超越经济发展水平及自然资源承载能力，还引起资源耗竭、环境污染、生态破坏等环境问题，其根源就在于人们消费方式的深刻影响。

首先，非理性消费者价值观促使人们追求新鲜、时尚等附加值，人们盲目、无节制地喜欢象征着时尚和潮流的产品，以此获得心理满足。有研究表明，消费者心理因素对加速产品的更新换代起到至关重要作用。这种"非理性消费"打乱正常的消费秩序，不仅误导消费方向、助长社会享乐思潮，还造成财富消耗和资源极大浪费。

其次，技术进步使生活需要极大被满足，物品不仅易生产低成本且技术更新很快，产品生命周期不断被缩短。新产品快速推动旧产品的废弃，技术革新是加速产品废弃的助推力量。如大量"一次性"商品出现正是因为生产成本低，维修不如换新，使人们喜欢一次性日常生活品，甚至耐用品（冰箱、彩电、汽车等）也因技术推动导致"用过即扔"的现象越来越多，这些一次性用品既浪费了大量资源，又造成许多难以降解的生活垃圾。

最后，现代设计的负面作用助推废旧产品产生，企业通过设计途径有意识地使产品过时，推动人们追求过度消费，以此提升企业销售额和经济效益，如美国福特公司推出的"有计划的商品废止制"设计策略，日本夏普公司提出"个人电脑三个月不出新品就意味着产品失去竞争力"，这种不断推陈出新的设计方式一定程度上满足和刺激了消费力，但也严重造成资源浪费和垃圾数量增加。今天，几乎各行各业都在遵循这种设计策略，以设计刺激人们潜在的消费欲望，导致不可持续的消费观念和生活方式。

（二）垃圾回收处理现状及趋势

1. 社区生活废旧品现状

国家统计局2019年数据显示，我国城镇化率已达到59.58%，常住人口达到8.3亿，与城市数量和人口的迅速增长相比，城市生活设施严重落后。据世卫组织（WHO）统计，若每人每年产生300公斤垃圾，全球60年产生的垃圾可在赤道圈堆成高5米、宽1公里的巨大垃圾墙。当前，我国城市生活垃圾年均增长量8%—10%，25%的城市已没有垃圾填埋场地，城市垃圾处理问题日益尖锐。

随着垃圾认识转变和环境问题日趋严重，政府一方面改进垃圾传统处理方式，另一方面调整思路，将垃圾从"末端处置"的被动模式转为垃圾减量、社区垃圾源头分类的主动管理模式。为此，各城市都积极实行了垃圾分类、减量、废物回收利用，但当前的垃圾回收主要由政府负担高昂费用，在成本限制下，多数城市选择了填埋等成本相对低的粗放型方式。由于城市生活垃圾结构较过去有变化，可回收利用物比例增加，继续采用填埋等方式浪费性很大。因此，垃圾循环利用需要将相关利益者引入回收流程中，既减少政府负担，也能改善回收利用方式。总的看来，城市生活废旧品资源化存在以下问题。

一是垃圾无害化处理问题。无害化处理主要是填埋、焚烧和堆肥等，我国城市生活垃圾总体处理能力弱，技术水平相对低，处理设施隐患大，一些城市在建设垃圾处理设施时只重视垃圾消纳，填埋中存在随意堆放处置现象，忽视了污染控制设施的建设。防渗措施也未能完全达标，垃圾填埋场封场后未进行生态修复，导致填埋后的土地在相当长时间内无法利用，有些城市的地下水因此受到污染。垃圾焚烧，技术相对成熟，但存在选址难，环评要求高，公众认知度低等问题。同时由于空气污染严重，焚烧尾气处理要求越来越严，使处理成本不断提升。堆肥处理上，我国垃圾分拣不过关，堆肥质量难以保证，加上臭气等二次污染问题受到限制。以上3种方式对资源化利用价值不大，都缺少垃圾源头分类处理环节，容易带来一系列难以解决的问题。

二是垃圾回收处理上的问题。当前，我国大部分城市仍沿用垃圾混合收集方式，甚至露天堆存、简单填埋，"搬家式"垃圾转移，这些做法使资源化难度加大。有些地方已开始垃圾分类回收，但回收行为受短期利益驱使，只回收金属、塑料瓶、书报、纸箱等高利润物资。据环保部数据为例，每年因生活垃圾填埋处理浪费三四百亿元。不合理回收导致许多可再利用资源被埋掉和浪费。城市街头虽随处可见垃圾分类设施，但不少可回收垃圾混在不可回收垃圾堆里。

三是垃圾资源化利用主体缺位。垃圾资源化受利益相关者影响，包括政府、企业、公众。一直以来，城市生活垃圾处理由政府承担了主体责任，以非盈利性收费形式运行，但公众环保意识弱、回收参与度低，企业环境责任承担弱等，政府独立承担回收管理、资金投入、技术装备、设施配套等压力和成本越来越高。

2. 生活废旧产品资源化趋势

工业时代以自然资源换取经济增长，结果是城市生态系统不可持续。城市垃圾处理面临环境容量有限、投入成本高等困境。不少发达国家已完全实现资源化利用。我国垃圾管理起步晚，目前还处在提高无害化处理率的阶段，垃圾资源化利用率低。事实上，垃圾可利用资源很多，如建筑垃圾、生活垃圾中的无机物可制作建材，厨余垃圾发酵后制肥或营养土，废旧塑料制作工业塑料块、再生塑料颗粒及塑制品，从国内外资源化实践看，生活废旧产品资源化有以下趋势。

一是源头减量化处理方法。以政策管理、技术、产业等引导生活垃圾的源头减量，从被动的末端治理向从源头控制的全过程管理转变，企业采取节能、易回收、可重复制造的材料，按照"源头分类、源头减量、源头资源化"原则，推动城市垃圾处理的资源化、减量化和无害化综合发展。这有助于减少垃圾清运费用，简化垃圾处理工艺，降低垃圾处理成本。

二是循环经济模式的产业化方法。以企业为主体完成废旧产品的变废为宝。如日本将塑料废瓶经过筛选、粉碎、洗涤，加工制成聚乙烯，再经过纺线、织布、印染等工序变成了手套、领带和西装。

三是公众参与的资源化方法。随着公众环保意识提高，大到废物处理厂址，小到家庭垃圾处理等都增加了社会大众的影响因素。如大众主动将垃圾分类、自觉减少垃圾产生量、积极使用可降解物品等。

从设计学层面而言，这些资源化趋势都是一种可持续的产品服务系统设计，废旧物处理也是企业构建服务系统生态化的重要内容。以苹果公司为例，早年苹果公司曾被环保组织曝光供应链中存在的环境污染问题，在社会压力下通过服务创新进行了废旧产品资源化研究，苹果在企业内部成立环境委员会（Green Chemistry Advisory Board），帮助自己以创新方式减少或消除供应链中的有害物质；制定了供应商行为准则、审查报告、《可持续纤维细则》等环境责任要求；面向全球用户推出"重复使用和循环利用（Apple Renew）"，让用户在 Apple Store 零售店或网络参与废旧产品循环利用计划，这些构成了苹果产品的生态服务系统。

（三）废物资源化到产品服务设计

从资源化到服务系统设计是可持续发展和废旧物回收利用途径的升级和新趋势，资源化利用是从技术和经济视角进行的废弃物的再利用，服务系统设计是产品和用户视角进行的废弃物再循环利用，两者不仅理念上相通，且技术上互补。

1. 理念相容性

资源化利用和产品服务系统设计在理念上具有极大相同性，它们从环境、社会与经济3个方面回应了可持续发展的要求。

一是减轻环境压力。产品服务系统以服务需求的满足减少大众对产品制造和占有浪费的数量，降低了物质在经济流通中的强度，自然资源的攫取也相应降低，物品使用效率得到提高。企业和设计师通过提供服务及改善废旧物服务方式为消费者创造合适的产品功能或资源化渠道，企业角色从产品销售者转为服务供应商，公众参与其中。资源化利用是基于废旧物存在现状进行再利用深化，以企业和政府为中心展开废物转化。

二是良好的社会效应。产品服务系统有助于再利用政策层面的系统思考、引导消费者可持续消费意识和生活方式；有助于弥补公众参与资源化程度弱的环节和系统缺失，考虑了源头和末端整体。资源化利用有助于产业层面解决废旧物数量和资源浪费问题，帮助建立社会可持续发展，主要从末端处理着手。两者都提供了可持续的发展方式并产生积极的社会意义。

三是经济价值。产品服务系统将资源化引入产品使用阶段，提高产品功能实现过程的效率，生产者根据用户需求提供产品和服务的组合，以问题解决的方式创造适合消费者个性需求的产品和服务，消费者不一定需要占有产品的整个生命周期，而只是根据个人需求购买相应功能，如汽车租赁服务、滴滴打车等。有助于生产者摆脱大量生产、大量浪费的竞争模式，不仅是经济价值增值，也优化了资源配置。

2. 技术路径的互补

两者除了在社会、环境、经济可持续发展理念上有相容性，还在废旧物处理端、服务对象、影响面等方面具有很好互补性。

从处理端而言，资源化利用着眼点在于产品的回收利用达到节约资源和能源、限制废物排放和污染的目的，以期对环境的影响减到最小，偏重于技术解决环境问题，在操作上仍会产生新的废弃物。服务系统设计将产品生命周期各阶段（制造、包装、销售、使用、回收……）的资源利用、环境保护等综合考虑，从源头到末端都考虑资源化利用流程，偏重于消费者使用行为解决问题"西方学术界对生活垃圾管理研究已从技术视角转移至社会心理"，^①这也是发达国家垃圾分类行为研究的新趋势。

从服务对象而言，资源化以产品废旧处理的情况为第一位服务，是一种技术描述方式。容易过于依赖技术忽视文化和社会的作用，服务系统设计将消费者需要和满意度放在第一位，是一种产品使用体验方式，利用社会和文化影响，体现利益相关者关系解决。所以，国际可持续设计与创新联盟（DESIS）主席、意大利米兰理工教授艾佐·曼梓尼（Ezio Manzini）认为：服务系统设计通过修正甚至颠覆我们的消费观念，寻求以最低程度资源消耗与循环利用来创造商品与服务的设计变革。

（四）废旧产品服务设计策略

1. 社区废旧物现有处理模式分析

社区废旧物处理系统主要分为"收集—运输—处置"3个环节，收集方式有分类收集和混合收集两种，发达国家普遍采用垃圾分类收集方法，如德国垃圾分类收集量已占垃圾总量的 75.5%。我国垃圾分类收集从 2000 年开始，以上海、北京、杭州等国内发达城市为试点，但大部分城市还是采用垃圾混合收集方式，居民将生活垃圾丢入社区垃圾房，清洁公司每天定时用清洁车将垃圾运往中转站，而后专车运往处理中心，处理方式主要为填埋和焚烧。

从可持续发展角度看，混合收集方式是一种线性模式，没有从系统角度将相关要素纳入垃圾收集流程。因此，可持续的城市生活垃圾系统是一种系统处理观，从相关利益者层面看，需要政府、民间和企业多层面合力。从资源化层面看，城市生活垃圾系统是城市生态系统的一部分，与资源环境、经济发展、社会活动有着不可分割的联系。从社会消费层面看，废旧物回收利用系统与社会消费行为紧密相关。

---

① 曲英.城市居民生活垃圾源头分类行为的影响因素研究［J］.数理统计与管理.2011，30（1）：43.

国内城市社区垃圾回收系统主要存在以下问题：垃圾资源化回收偏运输系统，没有充分考虑垃圾收运过程中的环境影响和公众接受度，产品制造商只对生产过程负责，用户只对使用过程负责，城市管理者只对使用后负责，这种方式显然割裂了产品的前后联系，废旧产品的处理焦点仅限于物质化产品，事实上，社区垃圾回收处理系统包含了技术、经济、生态、服务、居民和社会各方面的要素，生活垃圾与使用中、使用后环节紧密相关。服务策略可以在产品生产，使用、废弃不同阶段发挥作用，如图5-1。

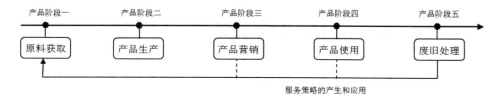

图5-1　服务在产品生命周期中的应用

2. 废旧产品服务设计的策略

从已有的废品产品服务设计实践看，围绕废旧产品服务逻辑、服务内容、服务流程形成多种服务策略。

（1）为用户提供产品使用服务

这种服务策略是从服务提供者而言，将生产商销售的产品看作"某种结果"（需求问题的解决方案），也称为结果型服务策略（需求型服务）。生产者不仅生产产品，还负责提供维护、回收利用等服务，以美国地毯服务公司 Interface 为例，它将物质产品概念转为"服务产品"概念，从用户需求提供问题解决方案，向用户提供地毯使用服务，通过收取服务费的方式来回收和处理旧产品，使用过的产品被分解和成为新产品原料，还可以再次分块拼接到用户磨损或弄脏的地毯局部，避免局部损坏需要整体更换的浪费，这种问题解决的服务策略满足了用户处理废旧产品的困境。

著名复印厂商富士施乐在 1993 年推出一系列运用回收部件为原料

的产品，同新复印机拥有同等质量和性能，去除了客户对"二手"产品抵触情绪。现在，施乐主打"全包合同服务"，主要特点是用户按复印数量支付费用，机器运作所需零配件、耗材、人工费由富士施乐提供。这解决了很多人对如耗材更换、维修、定期保养等使用成本的担忧。富士施乐专业服务工程师根据客户实际使用量对设备维护保养，使设备工作表现始终保持在最佳状态，省去了用户处理废旧产品难题。

（2）为用户提供共享服务

共享服务（使用服务）目的是通过共享产品增加产品服务中物质化部分的利用效率，以尽量减少产品的生产数量和物质浪费。这种共享方式意味着一种产品可以由几个人共享使用，达到持续生态效应，甚至企业还能实现统一化的生产和回收，使得成本降低，效率提高。

风靡国内校园的 ofo 共享单车就是典型例子，它从解决大学校园出行问题、"僵尸车"问题、废旧自行车处理等出发，以共享服务理念提供便捷经济、绿色低碳、高效率的校园移动服务。ofo 共享服务能提高闲置自行车的利用率、缓解浪费现象，有助于节约物质资源、解决校园大量废旧自行车问题。再如丹麦哥本哈根共享自行车项目（City bike program），这些自行车车轮具有特殊形态和构造，使用者投入一定面额硬币便可推车走人，使用后将车退回到任何一个自行车存放点便可收回押金，这不仅有效解决城市自行车失窃问题，还提高产品使用效率、减少了自行车占有总量。

（3）为用户提供回收处理服务

在传统的废旧物处理观念里，用户处理废品的最大问题是"谁来收"，生产企业最大问题是"谁给我收"，回收者最大需求是"什么时间、什么地点收"。这三个关键问题正是废旧品回收服务的用户端、生产端、回收端需求点。当前，互联网模式以移动平台为应用工具，形成一个标准化线上线下回收流程，在线预约时间→系统确认→约定时间地点→回收人员→扫码 / 登记→称重→回收物品→转账。解决了"谁收、谁给我收，什么时间和地点收"不协调问题，为用户提供了全新回收处理服务方式。

同时，"互联网 +"平台还为用户了解和参与垃圾分类提供帮助，能有效解决源头垃圾减量化认识困境，用户回收大数据还能衍生出其他相关经济价值，如通过识别废旧品品牌、种类、规格了解用户在特定时段、特定区域的投放量、生活主要消耗品类，这些数字可以帮助社区、企业了解用户消费习惯。

因此，未来城市生活垃圾处理将走向以服务为核心循环再利用。但前提是源头分类收集、处理效率和无害化程度，服务设计思维和方法导入城市社区废旧物回收有助于扩展资源化回收途径和方式手段。如图5-2所示。

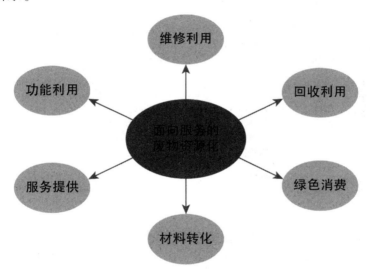

图5-2 废旧物资源化途径

二、社区垃圾源头分类行为与劝导服务

（一）社区垃圾源头处理

1. 居民生活垃圾类别

据统计居民生活垃圾占城市生活垃圾总量的60%，这类垃圾成分复

杂，受时间和季节影响大。随着居民消费水平的提高，居民生活垃圾中的有价值物质增加，回收再利用、经济效益和环境效益潜力越来越大。目前，我国城市居民生活垃圾主要为厨余垃圾、纸类、塑料、玻璃、织物等，如表5-1。

表5-1　城市居民废旧物分类

物品类	金属	金属包装盒、废电池、各种废旧金属制品等
	玻璃	碎玻璃、废旧玻璃器物
	塑料	塑料袋、塑料制品、塑料包装等
	织物	纺织物、服饰类
	草木	花草、落叶、枯枝、草制品等
	纸类	纸板、书籍、报纸、杂纸等
	砖瓦	陶瓷、砖、瓦、石等
厨余类	粮食	米、面制品
	蔬菜	各种蔬菜及不可食部分
	水果	各种水果及不可食部分
	动物	动物的皮、毛、骨等
灰土类	清扫物	尘土及各种杂品的碎片

从垃圾回收利用类别看，生活垃圾类别为厨余垃圾、可回收再利用垃圾、可燃垃圾和危险垃圾4类。其中，厨余垃圾在居民生活垃圾中比重较大，几乎占到日常生活垃圾一半，且多为湿垃圾，需要单独分类处理。可回收再利用垃圾是回收再利用技术关注的对象，主要是居民生活中的废旧产品，包括塑料瓶、包装、玻璃瓶、金属制品等。可燃垃圾主要针对燃烧率较高、不容易再回收的垃圾，包括木制品、竹制品、纸制品、衣物和皮革制品等，这部分产品也可部分回收再利用。危险垃圾是对环境危害大且不能简单回收再利用的垃圾，包括温度计、医疗废旧品、电子类废物等。

2. 影响居民生活垃圾产生因素

居民垃圾产生影响因素，可以分为"内在因素、用户因素、社会因素"3个方面，内在因素指自然环境和季节变化对生活垃圾量和成分的影响，用户因素指居民对垃圾处理态度、方式的影响，社会因素指社会环境、政策等影响，这三个因素共同影响了废旧物的资源化，协调好此4者构成的系统，能找到垃圾减量化、资源化和无害化处理途径。

（1）内在因素

城市规模扩大、人口数量增加和生活水平提高影响了生活垃圾量增加，这些方面都与垃圾产生量成正比关系，并影响着生活垃圾成分，如图5-3。

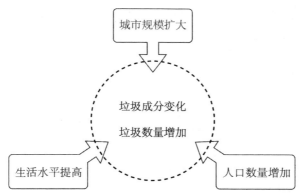

图5-3　垃圾产生量的内在因素

（2）社会因素

政府、企业对垃圾减量、回收和再利用措施与法规，这些因素通过社会规范、社会行为准则、法律制度及居民结构等影响垃圾减量、资源化利用效率，企业、政府在这一因素中起主导作用，如图5-4。

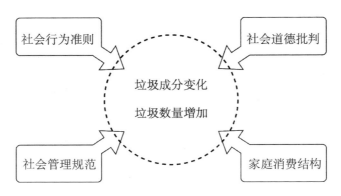

图5-4 垃圾产生量的社会因素

（3）用户因素

家庭人口数量、用户行为方式、生活习惯和受教育程度等因素。用户是废旧物再处理和回收利用的源头，用户因素影响着垃圾人均产量，如图5-5。

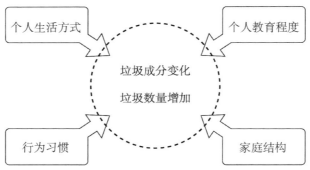

图5-5 垃圾产生量的用户因素

（二）居民的垃圾源头分类行为观察

行为指受大脑思想支配而表现出来的外在活动，一般分为外显性行为和内隐性行为。设计领域将其划分为感知性行为、操作性的行为和自然行为。认知学角度认为，人的行为是由知觉世界决定。社会学角度认为，行为是社会文化制度、个人价值观念影响的能动反应。心理学者将人的行为分为有意识行为和无意识行为，动机是区分有意识行为和无意识行为的关键要素。综上所述，人的行为受内部环境与外部环境共同影响，如图 5-6 所示。

图 5-6　行为内外环境影响

心理学研究者普遍引用盖勒（Geller，1982）对生活垃圾源头分类行为的界定，即以垃圾产生的源头（个人家庭）作为整个管理过程的第一环节，每个家庭把垃圾按规定类别分类收集，投放到指定地点的行为。随着城市社区发展，家庭垃圾一般投放于社区指定地点。

居民垃圾分类处理情境是设计进行前的首要研究对象。为了解居民在日常生活中垃圾处理行为特征与行为路径，我们采取行为观察记录法进行调研，通过影像设备（摄像机与手机）观察居民真实的垃圾处理行为。方法的优势在于可以从用户视角和实际情景中获取用于设计研究的行为数据。使用设备观察记录的原因有两点：一是，防止被调研者受观察人员影响导致行为的偏移；二是，可以获得更多垃圾处理相关细节，研究过程中若有问题可以对记录影像进行反复研究。

目前，武汉市家庭、社区中存在两种垃圾处理模式，即混合收集模式（非试点社区）与分类收集模式（试点社区），且以混合收集模式为主。我们从试点社区与非试点社区中抽样选择典型"社区家庭"。试点社区的样本为万科高尔夫社区、张家湾小区，非试点设计的样本为天兴花园社区，通过对样本的家庭和所在社区的观察，分析社区服务与居民垃圾处理行为相关性以及家庭成员垃圾处理行为的特征与行为 路径之间的差异。

1. 研究对象基本情况

（1）非试点社区、家庭

非试点社区位于汉口江岸区天兴花园社区，社区物业服务主要涉及社区公共区域的环境卫生与绿化管理服务、楼宇内公共地方的卫生清洁、垃圾清运等，没有涉及与分类相关服务，社区物业对区域内垃圾管理呈现混合状态。非试点家庭基本情况如图 5-7 所示，家庭中清洁管理工作由李女士负责，李女士通常将家中产生的垃圾混合收集并投放于社区位于楼栋间的公共垃圾箱。非试点社区及其家庭垃圾处理形式处于混合状态，基本反映武汉市大部分社区、家庭垃圾处理状况。

家庭情况	事实描述	相关资料	性格描述
张先生家是一个三口之家，所在社区为天兴花园。住房格局为两室一厅，客厅与餐厅在一起，可以边吃饭边看电视，居住环境相对拥挤。主卧为夫妻两人居住，次卧是读大学的女儿的，且女儿平时不在家。小区为一梯两户共18层，平均每3个单元共用1个公共垃圾桶。	51岁 武汉 教师 工作忙，爱关注政事，以学科项目作为经济来源。	主要负责家中稍微重一些的体力劳动。	严谨 注重品质
	48岁 武汉 会计 喜欢看电视剧、综艺节目等，是家庭的管理者。	负责做饭及家中的各种卫生管理等。	细心 敏锐
	20岁 武汉 大学生 平时在学校，只有周末的时候才会回家。	周末在家时会帮父母做一些卫生家务。	有想法 爱尝试新事物

图5-7 非试点家庭基本情况

（2）试点社区、家庭

试点社区位于汉口东西湖区万科高尔夫社区和水果湖街张家湾小区，这两个小区都是武汉市智慧小区分类试点，试点效应较好。

2014年，社区通过举办"邻里公约"、分类宣传等讲解会，正式展开分类服务（如图 5-8、图 5-9 所示）。试点初期，社区展开小区志愿者、业主专属 App 等形式分类服务。日常管理中通过二维码垃圾分类智能系统和分类宣传海报实现分类引导及管理。物业对居民信息进行编并制成二维码和积分卡发放给社区居民，居民只需将可回收垃圾收集包好，并贴上二维码投放于社区可回收垃圾箱。

图5-8 小区垃圾分类宣传栏

图5-9 小区垃圾分类宣传栏

社区物业清洁人员每天定时进行清理分类好的垃圾，通过扫描垃圾袋上二维码、清算可回收垃圾价值和奖励居民相应积分，居民凭借积分卡到社区服务站兑换物品，还可以电话或App预约社区工作人员上门回收或兑换积分奖品。厨余垃圾通过物业厨余垃圾处理设备生成有机肥料，一部分用于社区园林培育，一部分给予小区业主用于家庭花草培育使用；可回收垃圾送到相应的回收机构、进行资源回收利用。

家庭情况	事实描述	相关资料	性格描述
高先生家住世界花园，原本为三口之家，由于女儿需要照顾，乡中父母搬来同住，成为标准的五口之家。住房格局为三室两厅，两个客厅相连，可边吃饭边看电视。阳台用来养花和摆放闲置物品。家中的主卧空间较大。小区楼房格局为两梯两户共18层，每栋楼的住户共用1个垃圾回收箱。	32岁 武汉 销售行业 工作较忙，爱打球和看新闻，是家中经济支柱。	大部分时间在工作上，工作时间不固定，父母没到家里时也负责过家务。	稳重谨慎 注重生活
	30岁 武汉 教师 工作忙，喜欢看电视，是家庭的管理者。	会与父母沟通家庭状况，按时采购生活用品。	细心 节俭
	61岁 武汉 退休员工 退休在家，喜欢打牌，会辅助家中的卫生打扫。	负责煮饭做菜、拖地以及重点家务。	开朗 关注健康
	60岁 武汉 退休员工 退休在家，负责家中主要卫生的打扫，照顾孙女。	家中卫生事务，照看家中宝宝的日常。	热情 爱干净
	2岁 武汉 宝宝 在家中玩耍。	处于成长发育、能力培养阶段。	贪玩 爱发脾气

图5-10 试点家庭基本情况

　　试点家庭基本情况如图 5-10 所示，家庭中清洁管理工作由叶女士和母亲在家中将垃圾分类收集和装袋并投放于社区位于楼栋间公共分类箱，试点社区家庭垃圾处理形式从源头上就处于分类状态。

　　2. "家庭——社区"空间分类设施情况

　　（1）家族空间分类设施现状垃圾处理者现状：家庭生活垃圾管理及分类的执行者以女性为主。

　　家庭场景分类设施相关的现状，分类设施是实现垃圾分类收集的承载物，对源头分类行为具有直接影响。试点社区家庭与非试点社区家庭垃圾桶均是在垃圾桶上套垃圾袋，垃圾袋是分类设施。

　　家庭场景出现的垃圾袋有两种来源：第一种是一次性的垃圾袋（如图 5-11），来源于网上或超市购买；第二种是购物拎东西袋子（如图 5-12），主要是买菜、超市购物、快递等塑料袋子。此种袋子的材料成分复杂，且以难以分解材料为主。

图5-11　商品性质的垃圾袋　　　　图5-12　装商品的袋子

　　试点社区家庭与非试点社区家庭均没有专门的分类垃圾桶，这说明武汉市家用分类垃圾桶并未普及，两种社区家庭垃圾桶的规格较一致，垃圾桶摆放位置也大致相同，即厨房、客厅、卫生间各一个垃圾桶。

　　（2）社区场景分类设施现状

　　试点社区物业会根据每栋楼住户情况以及垃圾总量配备 2—4 个垃圾回收箱，并且在垃圾回收箱表面贴上带有分类标识的卡片帮助分类指导（如图 5-13）。非试点社区物业在每两个单元之间配备两个公共垃圾箱，没有分类标识（如图 5-14），桶身文字只是"垃圾请入桶，请随手关盖"提示。

图5-13 试点社区垃圾回收箱　　图5-14 非试点社区垃圾回收箱

3.家庭各场景垃圾处理行为观察

（1）厨房场景

非试点社区家庭厨房场景中，李女士做菜的情景出现得最多，通常李女士将产生的垃圾直接扔进垃圾桶，晚饭后将装满垃圾的垃圾袋打包置于家门口。（如图5-15）其垃圾袋里的垃圾主要是瓜果蔬菜、剩菜剩饭、调料瓶罐、商品包装等。

图5-15 非试点社区家庭厨房情景

试点社区家庭厨房场景中，叶女士父母做菜的情景出现得最多，通常叶女士父母只将瓜果蔬菜、剩菜剩饭等垃圾直接扔进垃圾桶，不可回收的垃圾扔于客厅的垃圾桶，可回收垃圾单独收集（如图5-16）。

图5-16　试点社区家庭厨房情景

（2）客厅场景

非试点社区家庭客厅场景中，我们将家庭成员垃圾处理行为归纳为两种路径，如图 5-17所示。垃圾通常有水果果皮、食品商品包装、瓜子壳等。

	第一步	第二步	第三步	第四步
路径一	直接放置于茶几上	集合直接扔于最近的垃圾桶	整理打包放置于门口	整理投放于社区指定回收桶
路径二	直接扔于位置最近的垃圾桶	整理打包放置于门口	整理投放于社区指定回收桶	

图5-17　非试点社区家庭客厅场景中垃圾处理方式

试点社区家庭客厅场景中，客厅茶几旁垃圾桶主要存放日常生活中不可回收的垃圾，可回收垃圾单独归置于客厅外的阳台花架下（如图5-18）。

图5-18　试点社区家庭客厅情景

（3）垃圾处理的路径的现状

由于试点社区与非试点社区家庭成员垃圾处理的方式不同，使得垃圾处理路径差异明显。非试点社区家庭成员垃圾处理方式是"就近原则"行为路径将垃圾扔于最近的垃圾桶，（如图 5-19 所示）；试点社区家庭成员垃圾处理方式是"功能原则"行为路径，将垃圾扔于相同属性的垃圾桶（如图 5-20 所示）。

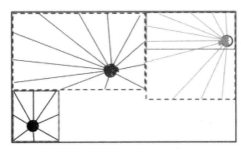 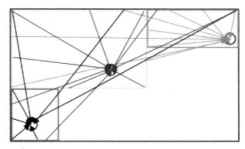

图5-19 非试点社区家庭垃圾处理路径图 5-20 试点社区家庭垃圾处理路径

4. 社区垃圾源头分类服务

从试点社区物业提供的数据来看，居民分类投放参与度较之前提高了 30%，投放正确率提高了 20%，源头分类工作初现成效。通过对试点和非试点社区家庭观察调研形成以下总结：

（1）社区服务对居民分类行为具有劝导性作用

排除人口统计因素，两类社区垃圾处理行为最大的区别是分类引导相关服务，可以影响居民的行为态度。社区分类服务引导影响力表现在以下方面：

①试点社区"邻里公约"发布会通过引起居民的好奇心，引导居民关注分类服务；

②试点社区通过积分兑换、免费抽奖、双倍积分等奖励措施影响居民参与分类行为的积极性；

③试点社区向居民发放分类手册进行宣传并在社区明显位置张贴分类海报进行分类宣传，利用视觉信息和文字信息影响居民垃圾处理行为；

④试点社区组织分类参与活动，使居民在参与中形成分类意识和情感体验；

⑤试点社区通过分类指导志愿者、预约上门回收等方式有效简化分类行为参与难点，降低分类行为门槛。

综上所述，社区分类服务行为劝导作用主要体现在居民分类认知意愿和简化分类行为两方面。

（2）居民分类行为劝导介入阶段

通过社区行为观察和分析、结合试点社区从混合收集到分类收集、投放行为转变过程可以发现分类服务劝导介入阶段可分为行为发生前、行为进行中、行为之后（持续性行为）三个阶段，如表5-2。

表5-2   劝导行为内容

劝导维度	劝导形式	劝导目的	劝导性	介入阶段
动机	"邻里公约"发布会	引起兴趣	期待	行为前
能力	垃圾分类手册	培养分类意识、分类知识、指导分类	降低分类行为门槛	行为前、中、后
	分类指导志愿者	指导分类	指导者、降低分类行为门槛	行为前、中
	预约上门回收	优化服务	简化行为、降低分类行为门槛	行为中、后
触发	积分兑换	积极性、乐趣	火花型	行为前、后
	垃圾分类海报	培养分类意识、提醒分类	信号	行为前、中、后
	社区分类活动	积极性、乐趣	火花型	行为前、中、后
	万科物业专属App	社区关注		行为前、中、后

（3）试点社区服务的局限性

试点社区劝导性服务取得一定成效，但也显示出其局限性，具体表现出以下几点：

①劝导时间有限，不能形成持续性劝导；

②劝导规模有限，受人力、物力的因素影响不能形成更大规模的劝导；

③难以形成个性化分类服务；

④劝导地点受限，只能在社区公共环境进行劝导，未能延伸到居民家中；

⑤劝导形式有限，对居民分类动机、能力的劝导效果有限；

（三）源头分类行为形成的影响因素

通过对试点社区与非试点社区的观察，了解到试点社区分类服务在引导居民行为具有劝导作用，但受服务形式的限制，劝导效果有限。为此，我们围绕家庭废旧物问题描述、处理方法和条件描述、意愿及动机，进一步探究试点社区居民分类行为形成与转变的影响因素，分类行为的心态、障碍与动力，为源头分类劝导设计提供数据支撑。如表5-3、表5-4、表5-5。

表 5-3　家庭废旧物问题描述

一般问题	具体问题
有关于城市家庭废旧物的基本问题	1. 家族生活垃圾主要来源有哪些？ 2. 家庭生活垃圾有哪些特点？ 3. 家族生活垃圾分为哪些种类？

表 5-4　家庭废旧物处理方法和条件描述

一般问题	具体问题
现有废旧物的处理方法和技术条件	1. 家庭中生活垃圾处理方法有哪些？ 2. 社区对生活垃圾有哪些处理办法？ 3. 社区为居民提供了哪些垃圾分类条件？ 4. 现有生活垃圾处理回收利用技术有哪些？ 5. 现有生活垃圾分类处理是否带来其他环境问题？ 6. 现有生活垃圾回收效率如何？

表 5-5　家庭废旧物处理意愿及动机

一般问题	具体问题
用户需求以及垃圾处理意愿、动机	1. 用户对现有分类技术是否了解？ 2. 用户对可回收再利用垃圾是否认识全面？ 3. 用户在家中处理垃圾时存在哪些问题？ 4. 社区对垃圾处理存在哪些问题？ 5. 如何让用户主动参与废旧物处理与再利用？

1. 研究方法

拟采用问卷形式向试点社区（万科高尔夫社区、万科四季花城）业主发放调研问卷（100 份），为避免对现场环境影响用户填写，对试点社区业主发放 100 份网上问卷。

2. 研究整理

（1）问卷筛选

共发放了 200 份问卷，筛选整理出有效问卷 182 份。

（2）人口统计分析

人口统计变量进行叙述性统计，以便掌握样本、分析样本、检验样本是否科学、是否具有普遍性。被调研者一般人口统计如表 5-6 所示。

被调研者女性人数多于男性，比例接近 1：1，家庭垃圾处理多为女性负责；年龄方面以 45—68 岁的中老年人为主，小区里长辈帮忙带孩子，基本反映出试点社区实际情况。家庭人口以三口之家居最多，比例为 37.91%；其次是五口之家，主要是老人帮忙带孩子。年龄、性别、职业以及家庭人口数量与试点社区整体特性相符。被调研人群具有普遍性和代表性。

表 5-6　被调研者一般人口统计

变量	取值	人 数（n）	所占比例（%）	变量	取值	人数（n）	所占比例（%）
年龄（岁）	23—34	25	13.73	性别	男	87	47.8
	35—44	34	18.68		女	95	52.19
	45—54	42	23.07	职业	学生	4	2.19
	55—68	67	36.81		教师	7	3.84
	>68	14	7.69		公职人员	10	5.49
家庭人口	1	18	9.89		企业管理者	42	23.07
	2	28	15.38		企业员工	37	20.32
	3	69	37.91		农民	12	6.59
	4	31	17.03		个体户	21	11.53
	5	35	20.87		退休	49	26.92
	>5	1	0.54				

如图 5-21 所示，试点前，100% 的被调研者没有进行垃圾分类活动，有 64% 的人支持垃圾分类处理，表明居民分类行为与分类态度之间存在不一致，99% 的被调研者表示试点之前并不愿意在家对垃圾进

行分类收集，并有 80% 的被调研者对在家进行垃圾分类处理持负面情感态度。分类试点前，居民处于混合收集状态，对分类处理态度很复杂，既支持分类行为但却明确表示自己不愿意在家分类，对分类行为呈现负面情感态度，表现出对源头分类行为的逃避趋势。

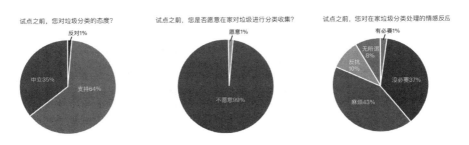

图5-21　试点之前的调研数据

如图 5-22 所示，试点初期只有 13% 的被调研者表示愿意在家对垃圾进行分类，仍然以负面情感态度为主。

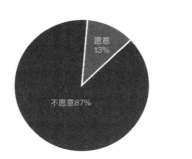

图5-22　试点初期调研数据

虽然试点初期与试点之前居民都是以负面情绪为主，但态度相较有所提升，说明社区前期劝导有微弱效果。如图 5-23 所示，分类试点一段时间后，有 57% 的被调研者表示愿意在家对垃圾进行分类，56% 的人认为有必要在家进行分类，对垃圾分类的情感态度由负面转向正面。

目前，您是否愿意在家对垃圾进行分类？

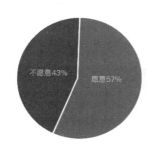

目前，您对在家将垃圾分类收集抱何种态度？

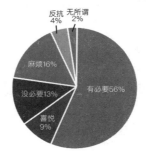

图 5-23 目前调研数据

综上所述，可以大致判断试点社区物业劝导性服务有效转变社区居民对分类行为的情感态度。由于试点之前与试点初期相关数据差别微弱，但一段时间后数据有较大幅度改变，我们认为社区在试点初期并未有效引起居民对分类行为的兴趣，但对简化维持居民分类行为，起到了作用。

分类设施调研中，100%的家庭没有分类垃圾桶，57%的被调研者表示需要分类垃圾桶，侧面验证分类垃圾桶并不是形成分类行为的必要条件，但能有效减低分类门槛。

被调研者也提到不少试点初期分类阻碍因素，如表5-7所示，阻碍因素归纳为"不知道如何分类"、"感觉分类很麻烦"、"没时间对垃圾进行分类"、"对分类工作没有信心"、"感觉分类多此一举"、"没有分类垃圾桶"。分类行为促进因素归纳为"积分兑换（奖励）"、"看见别人这样做"、"社区环境有效提升"、"社区上门回收制度"、"分类行为没有想象中难"。

表 5-7 分类行为阻碍因素和促进因素

阻碍因素	促进因素
垃圾分类收集麻烦，没有时间和精力	有奖励（如积分兑换）
不知道怎么分类	

续表

阻碍因素	促进因素
垃圾分类会占用家庭空间	身边多数人都在分类，不好意思不参与
垃圾分类后，环卫工人混装运走，分类没用	
别人没有分类，自己分类没必要	
已经习惯混合装袋	分类后，社区环境卫生明显提升
我家垃圾少，种类简单，不需要分类	
工作太忙，没时间分类	分类没有想像中难，大件垃圾上门回收
垃圾分类是政府宣传，很难实施	
没有法律规定必须分类	分类回收有利于社会绿色发展
家中没有专门的分类垃圾桶	
这么多年混合收集没看到有什么不好	看过分类宣传，已经了解了相关分类知识
社区运走后还有二次分拣，不需要在家分类	

　　国内外不少研究者对居民垃圾分类行为影响因素做过分析，如王笃明博士提出"环境态度、可感知的行为动力、自我效能感、环境价值观、道德规范、分类设施、政策措施、宣传示范、公共意识"九个分类行为影响因素量表，曲英博士在"城市居民生活垃圾源头分类行为研究"中也做过居民垃圾分类行为因素分析，尼尔森（Nielsen）等人依托规范行为理论分析居民垃圾分类意愿，琼斯（Jones）用理性行为测量方法探究垃圾分类行为影响因素，这些都为社区垃圾源头分类劝导行为提供了分析框架，结合调研数据归纳源头分类行为条件如图5-24所示。

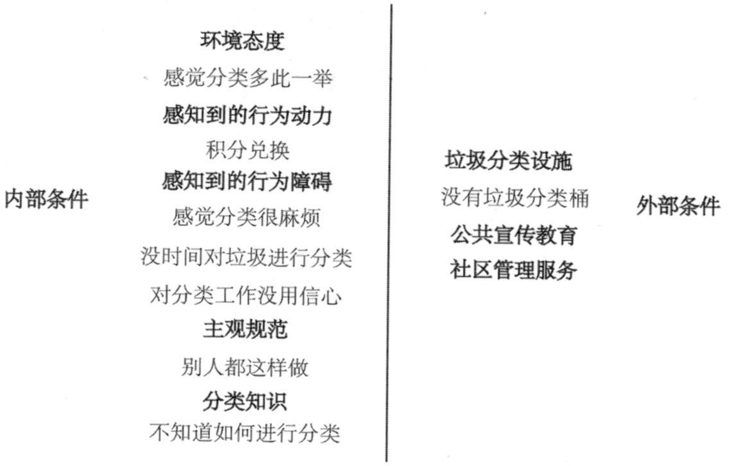

环境态度

感觉分类多此一举

感知到的行为动力

积分兑换

感知到的行为障碍　　　　　　　**垃圾分类设施**

感觉分类很麻烦　　　　　　　　没有垃圾分类桶

没时间对垃圾进行分类　　　　**公共宣传教育**

对分类工作没用信心　　　　　　**社区管理服务**

主观规范

别人都这样做

分类知识

不知道如何进行分类

内部条件（左侧）　　**外部条件**（右侧）

图5-24　实施源头分类行为的条件

（四）垃圾分类行为劝导性分析

劝导（Persuade）一词源于心理学，"劝"是方式，"导"是方向。全球"影响力"研究权威罗伯特·西奥迪尼（Robert B. Cialdini）指出"劝导本质是预测和满足人们心理需求，六则原理是互惠、承诺和一致、社会认同、喜好、权威以及短缺。"[①]斯坦福大学认知心理学教授福格（Fogg）最早系统研究劝导理论，提出劝导分析技术"行为分析网格（Behavior Wizard）"及劝导行为模型"B=MAT"，即动机（Motivation）、能力（Ability）、触发点（Triggers）三要素。

福格行为模型（B=MAT）可以用来分析产品劝导力和指导劝导服务设计，该模型认为行为产生需要用户具有足够动机、实施行为能力及引起用户行为的触发点。如图5-25所示，纵轴表示用户实施行为的动机强弱，横轴表示实施行为的能力强弱，曲线表示行为发生的临界线（触发点），行为线以上为触发成功区，行为线以下为触发失败区。

基于以上行为模型分析，改善用户分类行为的动机和能力会增加用户行为实施的可能性，用户分类服务设计策略可以通过控制动机因素、

---

① 罗伯特·西奥迪尼.影响力［M］.陈叙，译.北京：中国人民大学出版社，2006：9.

能力因素、触发点因素影响居民分类行为。

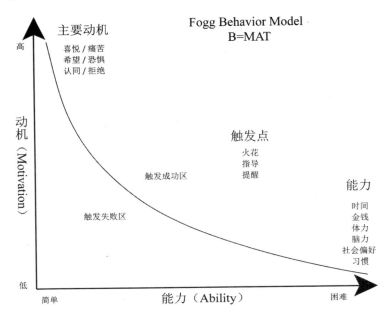

图 5-25　福格行为模型（B=MAT）

本图来源：https：//www.behaviormodel.org

1. 垃圾分类行为的动机因素控制

动机是行为的内驱动力和劝导性设计的首要考虑因素。行为产生前阶段，用户是否具有行为动机是行为能否产生的关键，也是居民生活垃圾源头分类行为的决定因素。按照动机来源可分为内在动机、外在动机；内在动机指纯粹因享受而产生的行为，由人的需要、兴趣、信念等引起；外在动机指为了获取某种利益产生的行为，通常由目标、义务、责任引起，表现为奖励、排名、积分等。[①] 内在动机比外在动机激发的行为更持久，设计激发用户内在动机是最优选。

社区观察中很难界定研究对象内部动机，但可以通过行为表象进行判断，试点社区家庭观察被调研者并未在分类过程发自内心享受行为过程，而是通过外在奖励机制吸引才实施分类行为，如社区物业通过

---

① 车文博.当代西方心理学新词典［M］.长春：吉林人民出版社，2001：64.

奖励、排名、积分形式引导居民分类，奖励、排名等形式的外在动机设计能轻易被用户感知并立即影响用户行为。

但心理学者指出外在动机设计易产生动机偏移，例如通过奖励激励学生学习，易造成学生为获得奖励才好好学习，当奖励停止努力学习行为可能也会停止。问卷数据指出感知到行为动力是居民形成源头分类行为的影响因素之一。一方面，源头分类中可适当针对外在动机因素设计，使用户明确感知到行为动力，但更重要的是针对内在动机因素进行设计。

动机按照性质不同可分为生理性动机与社会性动机。生理性动机是生理的需要所产生的动机；是人与生俱来的内在动机，社会性动机是人在社会环境生存中产生的需要，如好奇动机、成就动机、交往动机等。如员工把工作中的乐趣作为激励自己的动机，如果马斯洛的需求层次理论与社会性动机做对比，可推出生理需求与安全需求能引起人生理性的动机，社交需求、尊重需求、自我需求能引起人的社会性动机，如图 5-26 所示。

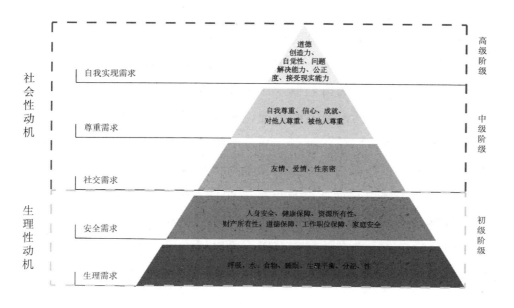

图 5-26　动机示意图

垃圾分类行为与每个居民健康安全、生存需求密切相关。如混合收集在二次分拣过程中不能完全分拣，易导致垃圾末端处理过程中产生二噁英有害气体，危险垃圾（电池、过期的药品等）混合填埋会污染水体和土壤，易造成生态环境的破坏，造成慢性中毒、致癌等。社区分类宣传中较少涉及这类信息细节，源头分类劝导设计中应该建立两者间联系，激发居民的生理性动机。

分类行为生理性动机只是初级阶段，每个人如何看待社会性动机有差异，源头分类设计中应尽可能满足人的社交需求、尊重需求、自我需求，使分类行为可探索。

调研问卷数据显示，垃圾分类试点前以及试点初期，居民对源头分类行为有逃避心态，多数被调研者表示"感觉不会分类""感觉分类很麻烦"等，这在心理学称之为"感知到的行为障碍"。与分类知识的缺乏和源头分类行为"难度"有关。分类行为"难度"与能力因素相关，通过社区服务平台为核心的源头分类设计，对源头分类行为能力因素的控制，可以有效降低居民"感知到的行为障碍"。

2. 垃圾分类行为的能力因素控制

相较混合收集方式、分类收集对行为能力的要求更高。需要居民对不同属性垃圾分别处理，消耗居民更多时间成本、体力成本、脑力成本；2019年7月上海市强制实施分类，网络、论坛、媒体上关注上海人痛苦习惯分类的故事不断出现，充分证明分类初期对参与者考验。大多数居民长期习惯混合收集，甚至不经思考直接将垃圾扔于垃圾桶。因此，动机因素和能力因素是分类行为产生的关键。同样的行为劝导设计在其他领域也是如此，自电梯发明后，每个人都愿意乘坐电梯而少走楼梯，如瑞典斯德哥尔摩（Odenplan Metro Station）出口将楼梯涂成钢琴的样式，并在楼梯内部嵌入可以感受用户踩踏压力的传感器，市民每上一个台阶就触发音响系统发出琴音，这种劝导设计有效吸引市民选择费力、耗时爬楼梯设备（如图5-27）。

图5-27　地铁站出口的楼梯设计

　　通过对试点社区物业服务方式整理，主要是以下两种简化形式。提升分类能力隐私一种是通过简化信息实现简化行为，其过程是将较困难的请求合理拆分成若干小请求，用户只需通过较小的信息处理就能做出决策并指导行为，如要求居民实行"源头分类行为"（抽象概念）变为"将报纸集中收集并投放于可回收垃圾箱"（具体行为），另一种是通过详细信息实现简化行为，用户无须思考直接按照信息内容执行，如拥有分类指导手册的居民相较没有分类手册的居民更容易执行源头分类行为。

三、分类劝导服务设计策略与原型

（一）分类服务触点与服务流程痛点

　　1. 居民垃圾分类服务流程的接触点

　　从社区用户角度而言，垃圾分类劝导服务设计主要围绕废旧物的源头分类行为和需求展开，其服务接触点以环境、物品、程序、人四个方面为主要研究内容。

　　（1）环境：客厅、电梯（楼梯）、垃圾投放点。

　　（2）物品：废旧物、家用垃圾桶、楼栋垃圾箱、道路垃圾桶。

（3）程序：垃圾投放服务、垃圾回收服务。

（4）人：住户（废旧物拥有者）、社区垃圾清理者、社区物业管理者、同楼其他住户。

针对不同的产品和用户需求，服务设计有着不同侧重点。服务流程也有着不同的理解和看法。通过对社区居民废旧物处理过程的背景资料收集与分析、实地观察和问卷调查，初步归纳社区居民废旧物处理过程中的一些基本需求点列表，图5-28是根据调研结果整理出的用户主要需求点列表，共分有七个方面：分类问题、装袋问题、投放点问题、回收问题、回收点问题、费用问题、服务人员问题。

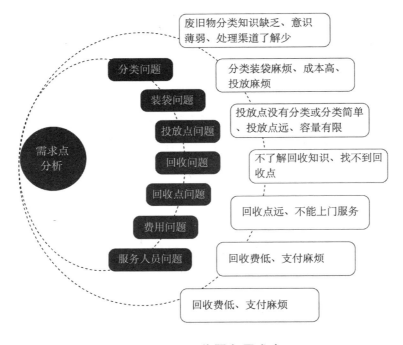

图5-28　回收服务需求点

2. 分类服务流程痛点分析

（1）试点与非试点社区回收服务流程差异

通过前期服务环境观察资料的整理、归类，从服务流程角度可以全面了解居民废旧物处理过程的各个环节问题，说明用户、服务提供者及其他与服务相关的各方角色，厘清服务过程相关的重要环节。由于样本 1 和样本 2 是两类不同社区，其废旧物资源化服务流程也有较大差异。

样本 1 采取的是"源头分类、分散处理、逐级减量和资源再生"东西湖生活垃圾分类处理服务模式。居民每天将不同类型的垃圾分类装袋，贴上回收人员发放的二维码标签，下楼投放到不同类别的垃圾桶即可，武汉暄洁再生资源公司回收人员定时打开垃圾箱盖，扫描袋上二维码，按回收价值给投放居民积分，当积分有一定数额后，居民可以在小区服务店用积分换取日常生活必需品。分类回收后的不同垃圾被分类处理，如厨余垃圾被送进一台生物降解机变成有机肥或营养土，最终实现变废为宝。此外，社区还有废旧物创意再利用活动，引导居民动手改造和再利用家庭废旧物，使之成为新的创意产品融入日常生活。

样本 2 采取的是集中存放、集中转运和集中处理的生活垃圾服务模式。居民将不同类型的废旧物统一装袋投放到楼下的定点回收桶，物业清洁人员统一装运到集中点，由城市环卫处清运车集中到中转点压缩密封，然后转运到相应处理点焚烧发电或卫生填埋。

从两个社区的服务流程看，样本 1 的服务流程较好地考虑了源头分类和用户参与，且多元化处理废旧物，但从用户参与层面而言，其服务流程仍存在痛点，如废旧物创意再利用环节缺乏引导，创意改造不仅增加了源头再利用途径，还在动手实践中增加了家庭生活氛围和废旧物价值认识，培养了小孩子分类回收的良好习惯。在调研中很多人都表现了动手改造的兴趣，但苦于不了解如何创新，这可以在"互联网 +"平台上增加服务环节即可。

（2）由垃圾处理流程确立主要痛点

由废旧物处理的需求点分析可以看出，居民废旧物处理主要包括了投放服务和回收服务两类。投放服务接触点是分类、装袋、投放点三个方面，回收服务接触点是分类、回收点、费用、服务人员四个方面。其现有的服务流程和痛点，分别如图5-29。

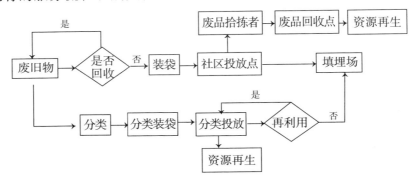

图5-29　废旧物处理流程

在居民废旧物投放服务流程中，服务痛点1是居民分类认识模糊，无法准确判断可回收、无害、如何分类装袋合理；痛点2是投放点缺失分类箱，即使有分类箱，多数情况下也是很简单的分类或标识较脏，无法观看和满足细分需要，如图5-30

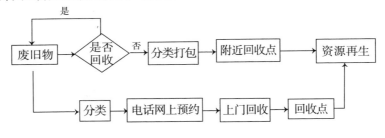

图5-30　废旧物回收流程

在居民废旧物回收服务流程中，服务痛点1是居民分类认识模糊，无法准确判断可回收、无害、如何分类装袋合理；痛点2是电话和网上预约的便利性、等待时间的问题；痛点3是上门回收人员的服务态度、专业性表现问题；痛点4是废旧品价格评判、费用支付方式等问题。

（3）劝导服务的体验设计分析

为进一步了解"居民废旧品处理"这一环节具体问题背后的意义，拟从设计事理学角度展开分析，从时间、环境、人物、相关的基本要素人手，以分类行为为线索，组成动态的"事"，将与这一环节相关的人为事物联系起来，得到其现象背后的事的意义。居民分类认知的模糊、投放点分类箱的缺失等都反映了废旧物资源化的服务设计问题，即居民从判别废旧物、分类处理到投放或再利用的完成，其背后的目标需求是资源化服务提供者与服务方式的过程。它涉及有形的分类箱、投放点、移动终端应用界面及无形的服务方式、流程、态度等，包括沟通、环境与行为。这些内容从物理事实、用户、前台、后台、支持系统五个层面构成社区废物产品回来再利用的服务蓝图。如图 5-31

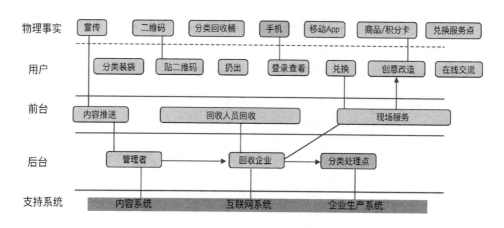

图 5-31　废旧物分类服务蓝图

　　针对投放服务和回收服务的痛点问题，样本中的试点社区采取了"互联网 +"废旧品服务模式，这提供了新的解决思路和方式，这一服务流程解决了用户参与的问题，但用户参与的服务体验问题又成为新的需求，该需求集中在服务设施的使用需求和再设计需求。其中，使用需求包括了回收箱脏旧后的使用识别、App 界面的使用理解、废旧物的积分价值、废旧物的最终流向、二维码的使用等。再设计需求包括了创意改造方法的了解和培训、设计利用的交流、创意改造的交换等。

（二）垃圾分类行为劝导性服务策略

1. 居民垃圾分类劝导策略

源头分类行为前、源头分类行为进行中、源头分类行为后三个阶段的劝导介入，整理出居民源头分类行为劝导策略。

（1）源头分类行为前的劝导策略

分类行为前阶段最主要的目的是有效刺激居民分类行为动机，劝导居民执行源头分类行为，我们称之为动机阶段。对居民行为动机有影响作用的因素为分类行为态度、感知到行为的障碍以及分类知识，结合动机因素控制分析指出动机阶段的劝导策略，即知识传达策略、原理说服策略、建立连接策略。

传达知识策略是指向用户传达分类相关知识，使居民掌握和明确执行分类行为事项，减少居民分类行为前的无助感，建立居民对分类行为的信心。同时，居民掌握分类知识有助于居民正确认识分类行为并形成正确的分类态度，有效劝导居民执行源头分类行为。原理说服策略是指通过事例或道理劝导居民执行源头分类行为，劝导心理学指出原理说服是利用了人们对权威、经验教训的屈从性和信任，建立联系策略是指建立源头分类行为与人的生理、安全需求间联系，通过相关信息传递激发居民生理性动机，该策略与知识传达策略相似，区别体现在传递内容信息的方向，建立联系策略更多的是与居民生理性动机相关的新闻信息，相比传达知识策略更能引起情感上共鸣。

（2）源头分类行为进行中的劝导策略

源头分类行为执行阶段的核心在于简化分类行为，降低分类行为门槛，基于分类行为现状调研和能力因素控制分析，提出适时提醒策略、行为简化策略、趣味策略等行动阶段劝导策略。

适时提醒策略是指在适当时机提醒居民执行分类行为。混合收集行为习惯以及无意识扔垃圾习惯是执行源头分类行为最大的障碍，适时提醒作用在于阻断旧的行为习惯，适时提醒策略在动机阶段与维持阶段对源头分类行为的产生与维持具有劝导作用。行为简化策略指通过设计手段减少用户执行分类行动过程中的时间、财力、体力、脑力等成本。行为简化策略是行动阶段的核心策略，其简化行为主要围绕提高用户执行能力、降低行为门槛两个方面展开，趣味策略是指通过设计手段增强居民执行分类行为过程中趣味性。心理学研究指出人对有趣事物具有更高的热情，有利于行为有效完成。

（3）源头分类行为后的劝导策略

分类行为完成后的核心问题是如何维护居民分类行为可探索，我们称之为维持阶段或习惯形成阶段。综合行为模型分析以及试点社区调研，提出维持阶段即及时反馈、社区建设劝导策略。

及时反馈是指用户在执行完某项行为后立即获得的行为反馈。将反馈作为评判自己行为的标准和引导下一个行为形成，有效维持行为的持续。

社区建设指通过建立社区垃圾分类服务体系，通过服务体系功能设计满足居民社交需求、尊重需求、自我需求，提高居民对分类服务体系的黏度，有效维持源头分类行为。

基于居民源头分类劝导策略分析，这里初步构建居民源头分类劝导模型（如图 5-32）。

2. 垃圾分类行为劝导性服务方式

通过分析传统媒介的垃圾分类相关案例及分类服务，总结出六项劝导性机制，即告知意图机制、隐喻和暗示机制、奖励机制、有趣机制、社会影响机制。

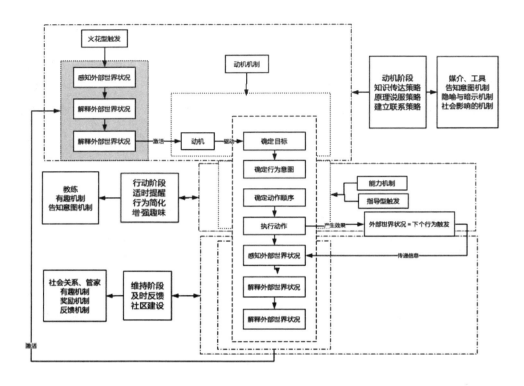

图 5-32　居民源头分类劝导模型

（1）告知意图机制

告知意图指通过有形产品直接告诉用户应该做什么，告知的方式有很多，文字语言是最常见的告知性劝导手段。张家湾试点社区内宣传栏、垃圾箱上都印有分类宣传标语和具体清运时间表等分类信息，目的是直接告诉居民该如何执行分类行为，显示出直接告知意图机制的劝导作用。该小区在环保组织、社区管理者的帮助下通过分类宣传栏中分类信息指导（如图 5-33）及分类宣传，目前约90%居民养成了垃圾分类习惯。

图5-33　张家湾试点社区内宣传栏

图 5-34、图 5-35 是武汉试点小区垃圾桶，桶身表面印有分类指导步骤，通过文字、图片直接告知应该如何操作，居民只需按照要求操作即可。直接告知意图机制通常在行为发生前、行为进行中通过文字、图片等信息推送形式影响用户行为。互联网平台还能通过语音、视频、3D 虚拟等技术实现更多信息推送形式，且不受场合限制持续劝导，使产品更具劝导性。

图5-34　垃圾桶桶身设计　　图5-35　垃圾桶桶身设计

（2）隐喻和暗示机制

隐喻与暗示机制是指通过内在意义设计暗示用户设计意图，用户一般通过情感或认知上的反思与理解获得设计真正意图。这种劝导机制类似于文学修辞手法，表现出相当程度的情感化特征，使劝导产品具备更稳定的劝导性。

目前，市场上部分产品将隐喻与暗示劝导机制运用于产品设计。如图5-36充电线将人们肉眼或其他感官无法察觉的电流通过视觉化被看见及被感受，劝导用户减少浪费电力资源行为；泰国QUALY公司设计的抽纸盒有个小松鼠、树苗和木桩，随着木桩内部纸张被抽出后数量下降，松鼠和树苗越快消失，从而劝导用户减少使用纸张行为（如图5-37）；世界自然基金会（WWF）将该机制应用于公共卫生间抽纸盒设计（如图5-38）。

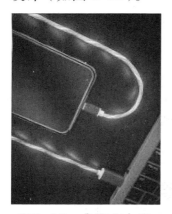
图5-36　电流充电线

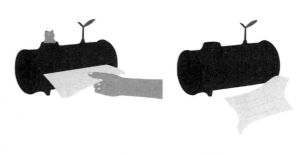
图5-37　泰国QUALY公司抽纸盒

图5-38　WWF公共卫生间抽纸盒设计

通过案例总结出，隐喻和暗示机制多运用于行为进行之中，需要与用户情感建立联系。在使用隐喻和暗示机制注意两点，即用户能明确识别设计的内涵以及隐喻与劝导目标的强关联性。计算机技术可以通过获取或储存用户信息，使用量体裁衣技术对独立的个人进行相应的隐喻和暗示，更有针对性，使产品更具劝导性。

（3）奖励机制

奖励属于外在动机，是最有效的劝导机制之一。多用于游戏设计中，通过给用户行动回报方式维持用户游戏状态。试点社区物业通过积分兑换形式的奖励机制劝导居民执行源头分类行为。

奖励机制是对心理学互惠原理的应用，一般应用于行为前"诱导"作用，或行为后起"营造用户体验"作用。互联网平台能实现多种奖励形式，大致分为固定奖励模式和动态奖励模式。动态奖励模式应用心理学稀缺原理，相比固定奖励模式更具有劝导性。

（4）有趣机制

有趣机制与奖励机制相似，有趣机制基于人更愿意做自己喜欢的事情，是心理学喜好原理的应用 。如图5-39基于有趣机制设计出形态可爱的垃圾袋，使枯燥乏味的分类工作增添一丝趣味。

图5-39　日本垃圾袋设计

还有一种特殊的有趣机制是对心理学竞争原理应用，如试点社区物业通过楼栋分类排名形式，劝导居民实施源头分类行为；举办的"垃圾分类达人"活动，通过知识竞赛形式，劝导居民主动学习分类知识。有趣机制一般应用于行为进行中，能起到刺激用户内在动机形成持续性行为。

（5）利用社会影响的机制

利用社会影响机制是指社会认同。西奥迪尼教授指出社会认同原理对人们行为态度起作用的原因在于人的社会属性，经常依靠其他人的行为作为判断自己行为的标准，心理学也称之为从众心理。社会认同机制是很重要的劝导手段，社区调研中被调研者曾多次提及社区其他业主对自己分类行为的影响。此外权威在一定程度上影响人的行为决策，权威机制的作用体现在人具有效仿、遵从权威或偶像的心理习惯。例如，环境的公益广告选择具有影响力的明星代言，借助明星影响力的作用影响人的行为决策。2011年，国际环保组织野生救援协会邀请姚明参加"共同倡导保护濒危物种鲨鱼"公益活动，2013年和英国威廉王子、足球明星贝克汉姆等一起拍摄宣传片。（如图5-40）。

图5-40　明星公益代言

图片来源：国际环保组织野生救援（WILDAID）官网（https：//wildaid.org）

（四）以用户为中心的废旧产品服务设计案例

1. 英特飞：以使用为中心的再利用服务设计

以使用为中心的再利用服务是基于废旧品价值再利用的服务设计，该服务贯穿了原材料、生产和使用、最终处置的过程，如提供各类产品的售后服务，包括维修、更换部件、升级、置换、回收等。这种再利用服务设计从产品概念阶段就考虑到废旧处理和再利用，使得进入

"废弃物"的垃圾大大减少。如德国《封闭物质循环与废弃物管理法》规定生产者和销售者对产品包装负责回收和循环利用有效部分。该法案对减少包装消耗量、重复使用产生重要作用。当前，以使用为中心的废旧物资源化服务设计已经有很多案例，本研究报告以英特飞创意地毯为例展开分析。

英特飞（Interface）是全球最大的模块地毯设计与生产商，它通过设计与组合实现了废旧物可持续利用，其废旧地毯资源化利用以用户使用为中心，通过模块化设计和回收利用创造了"闭循环系统"（生产—销售—回收—再生产）。事实上，这种再利用方式是一种独特的地毯服务系统。英特飞的废旧地毯资源化服务设计主要包括了两个模块（用户服务和回收服务）。其服务流程如图5-41。

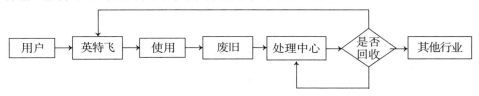

图5-41　英特飞服务流程设计

在用户服务层面，英特飞为用户提供定制服务和维修服务，定制服务针对消费差异展开，不同行业、企业、环境和年龄的消费者对地毯的设计需求差异很大，英特飞可根据客户不同要求提供模块地毯，实现需求的多样化满足。维修服务针对的是地毯部分损坏和更换需求，用户只需轻松替换被损坏的小块，维修时间短、成本低。

在回收服务层面，英特飞改变了废旧地毯的传统处理方式（焚烧或填埋），而是建议和帮助用户将旧地毯打包运到回收处理中心再次利用，一方面有效解决了旧地毯造成的污染，英特飞在技术上实现地毯纱线与底背分离（Re-Entry™艺），废旧地毯的材料得以最大量回收，可重复将旧地毯回收、转换成新尼龙纤维，不适用于地毯的塑料成分被分流至其他行业，避免填埋旧地毯。另一方有效降低生产成本，在设计上应用模块化手法拼接安装（Tac-Tiles™），安装中减少胶水使用，在地毯背面使用有黏性的小方块附着在地面，地毯以"悬浮"方式取代永久性粘贴，实现灵活便捷的替换可能，有效减少浪费和降低有机化合物的挥发。此外，英特飞的回收服务不仅支持自己产品，也能使竞争对手的模块地毯得到循环再利用，如表5-9。

表5-9　英特飞资源化服务内容

	类型	内容	资源化价值
1	模块设计	小块拼接、便捷安装、轻松替换	节省开支、延长地毯外观表现和使用寿命、减少环境污染
2	再生成分	使用回收循环再生材料	减少环境污染、减少垃圾填埋、遵守企业环保承诺
3	零温室气体	为生产、维护、旧地毯处理中产生的温室气体买碳抵消（Cool Carpet计划）	帮助减缓全球变暖、提高申请绿色建筑的评分
4	无胶水粘接	无胶水安装方式（Tac-Tiles™）	使重新装饰地面变得简单、改善空气质量
5	回收使用	回收废旧地毯重新利用	企业减少浪费、确保地毯不被填埋、减少对天然原材料过度攫取

2.以用户为中心的"互联网＋废品"服务设计

在废旧品资源化利用领域，利用"互联网＋"搭建以用户为中心的服务系统成为解决废旧物传统回收难点的新途径。基于"互联网＋废品"的服务设计是提供给用户一个平台（产品、工具、机会），以高效满足人们废旧物处理背后的需求和愿望。以汽车租赁为例，用户可以使用但无须拥有产品，在约定前提下支付使用费。目前，"互联网＋废旧品"服务已经有了一些好的案例这里以赢创再生资源有限公司为例。盈创设计了一套智能固废回收服务系统，该服务系统以"互联网＋"智能终端（回收机）为载体（如图5-42），可以分布在地铁、机场、学校等公共场所。"互联网＋"废品服务设计以智能终端和互联网平台线上线下互动，将家庭用户、回收者、企业、政府扁平化联系，解决了利益相关者痛点和信息不畅。

以废旧瓶子为例，用户点击终端机界面上"投瓶"按钮，将废旧瓶投入阀门，界面显示返利金额，用户可选择为公交卡、手机充值或捐款，做好选择后，5 秒内手机会收到短信提示，这就是盈创智能固体废弃物回收服务终端服务，它可以记录瓶子收集时间、品牌、型号、去向等数据。回收后的空瓶子回到盈创工厂，经过预洗、分类、检测、人工分拣后、干湿粉碎、深层清洗和净化等程序被转为聚酯片，再被送往各大生产商制成瓶子循环再用。这种回收服务方式控制了易拉罐、废纸、废手机、废节能灯等可再生资源的流向，使废旧品资源化从回收源头到循环利用的环节都处于可控渠道，减少给环境带来的污染。

图 5-42　盈创自助回收服务终端

此外，从盈创的废旧品服务看，它通过线下线上服务为公众提供了集回收、返利、维护、服务为一体的模式。居民可以随时随地网上下单处理废品，解决分类回收困惑、速度慢、寻找回收站等麻烦。服务平台还整合了所有区域回收者形成合力和增加业务。废旧品相关利益者既能利益共享，也加强了责任制约。传统的回收者形象得以向规范化、规模化、专业化服务者转变，有助于将回收者角色定位从废品回收者转变为社区服务者。

以盈创公司的网上平台使用为例，用户打开手机废品 App，废品回收者在下单后 30 分钟内上门服务，回收者佩戴健康证，有统一着装和服务语言、服务规范。废品由回收者专业分类和搬运，其通过扫描用户二维码将废品收入转入用户微信钱包，完成服务一段时间后，用户可以事后对回收人员工作效率、职业水平、服务满意度等进行点评，其服务系统如图5-43。

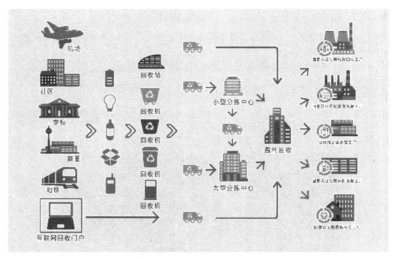

图5-43　盈创废旧物资源化服务系统设计

　　总结从本章调研分析和案例研究可以看出，传统的生活废旧物回收服务以废旧产品为导向，各环节被割裂为独立个体，废旧物回收源头的重要群体（用户）被忽略。过去，城市管理者虽然从政策层面做了很多规划，企业迫于社会责任压力积极开发绿色产品，为废旧物资源化起到一定作用，但常常后继不足，问题解决方式粗糙，这种现状的产生有多方面原因，其中一个重要原因是忽略了源头处理上的用户参与问题。

　　导入产品服务系统概念的废旧物回收服务系统关注了用户潜在需求和满意度，拓展了废旧物源头处理的途径和方法，提高了废旧产品设计的回收效率和效果，改善了用户参与的使用体验。事实上，从实践调研和案例分析也可看出，在"互联网＋"的推动下社区废旧物回收服务设计已经有了初步成效，设计协调和完善居民参与废旧物源头分类和再利用过程，将有利于改进外部环境支持、影响社区居民分类观念，使居民成为资源循环利用的推动者，推动可持续绿色生活、智慧城市建设更加人性化。

第6章　城市医疗服务设计案例研究

当前，医疗消费需求与医院服务之间严重供不应求。据医疗杂志《看医界》2018年数据统计，中国大型医院全年门诊量前两位达到700万人次以上。（郑州大学第一附属医院776万、广东省中医院702万）过去，如此庞大门诊量的医院却和乡镇卫生院门诊采取同样的门诊流程"排队买病历本→排队挂号→排队等医生→排队诊断→排队缴费→排队拿药"。医院越大，每一环节排队时间会越长，大型医院门诊流程开端和末尾还要增加排队进医院停车和排队开车出医院。随着就医人数日益增加，这种流程在就医过程中产生严重拥堵点，大量患者对看病经历的回忆就是痛苦体验和排队恐惧。

传统医院就医体验问题产生既有医疗资源紧缺原因，也与医疗服务思维陈旧密切相关，用户在就医过程中处于被动地位，在科室选择、挂号、门诊预约和付费等环节面临诸多不便。病人就医体验问题反映了我国公共服务设计的不完善，尽管医院硬件配置先进，但如何通过软性服务设计来兼顾相关利益者，降低患者就医体验过程中的负面情感已成为社会创新重点。在"互联网＋"和智慧医疗推动下，医院信息化设计为解决就医服务问题提供了新的途径。因此，2015年国务院发布《全国医疗卫生服务体系规划纲要（2015—2020年）》，提出应用互联网、物联网、云计算等信息技术转变医疗服务模式，推动健康信息服务和智慧医疗服务。

这种服务模式涉及居民健康管理、体征检测、远程急救、医疗护理及运动能量管理等。如"丁香医生"针对个人日常用药提供病症查询、用药咨询、附近药店查找和服药提醒等功能服务。"春雨医生"平台自查功能为用户提供自我诊断工具辅助公众了解自身症状并查找相似问诊记录，"微医"智能导诊功能则为用户提供症状描述的选项帮助其明确自身病情和所需就诊科室。

"互联网＋互联平台为医疗法机构和患者间服务关系提供了新的沟通契机和互动基础。它不仅面向医生诊断服务、患者看病自助服务，还适应了普通人日常生活中以自我护理为主的医疗服务需求，使每个人能随时随地满足非病症查询和诊治自身健康服务需求。

一、就医服务的用户体验

（一）就诊需求与智慧医疗转变

以往，医院就诊拥挤现象普遍，患者整个就诊流程中非医疗时间、无效移动与等候占比很大，身体状况疲惫与焦虑心态。而医务工作者每天面对大量病人，为保证工作有条不紊、零失误也充满疲惫和焦虑。事实上，早有研究数据指出"患者就诊时间提高到30%，就可减少医院逗留时间2/3"。而医院病人无效就诊时间长的原因主要是以下几点：大型医院优势设备和专家吸引病人汇聚、病人就诊时间习惯集中在上午、医生为快速完成诊断造成医患沟通少，这些都与服务流改进相关。

随着人们对健康日趋重视，医疗机构从过去治病诊疗拓展到预防、保健、健康管理等多元服务模式，医疗服务向用户体验和智慧医疗发展，就医服务设计成为提升医疗质量和患者满意度的有效方式，智慧医疗通过信息技术帮助患者随时随地、便捷、公平地获得相应医疗服务，包括了以人、财、物为对象的医院信息管理系统，以患者诊疗过程为对象的临床服务系统，以居民健康为对象的跨区域信息平台系统。

以患者诊疗过程为对象的互联网＋临床服务系统与服务设计关系最为密切，传统模式下的患者诊疗通过医务人员提供服务，在"互联网＋"模式下，服务开始通过机器提供给患者，人机交互代替人际接触，病人自己参与到服务提供和传递过程，这就是就医自助服务。现在，自助服务已成为越来越多患者的首选方式和就医服务新常态。

因此从医疗服务设计思维和体验视角看互联网改变了医患关系不平等状况，改变了医生和患者相处模式，利用服务设计思维方法重新梳理就医服务，有助于将医生、患者、家属等利益相关人员平等纳入就医服务过程，使社区变成包含健康咨询、就医诊疗、健康管理在内的健康体验。

（二）就医流程痛点分析

1. 就医流程接触点分析

服务设计是系统化设计，服务接触点是服务瞬间的关键时刻和整个服务系统核心。涉及人、物体、环境、程序四大项[①]。医院就医服务流程最大问题是"三长一短"现象（挂号、缴费、取药排队时间长，就诊时间短），每个环节接触点都影响着患者就医体验，但无论物理触点或情感触点，都源于人、物品、环境、流程的组合。可见，好的医疗服务体验不仅需要完善患者与物（医疗设备、导视等）的关系，还必须重视服务流程。一般情况下，患者在整个就医流程中的核心接触点主要是候诊、就诊两个环节。

（1）候诊环节

传统线下医疗体系中，医疗规则设定多以安全、公平、医生便利为出发点，使得患者在科室选择、挂号、门诊预约和付费等环节面临诸多不便。当前，移动医疗虽然解决了用户挂号难、排队时间长的问题，

---

① 邓成连. 触动服务接触点 [J]. 装饰, 2010（6）: 13-17.

使医院信息化服务朝智慧医疗迈进一大步，但医院内部硬件设施人性化、诊前服务流程合理性关注不够，多数医院微信公众号只实现了挂号、缴费服务，对整个就医流程指示、院内地图导向还未有触及。

不少病人来到医院相应楼层后并不知道先去分诊台等待叫号还是直接前往科室就诊，也无法得知自己被分配在哪个科室。特别是大型医院的分诊台、治疗科室具体位置分散较远，寻找检查科室是一件麻烦事情。我们在部分医院进行实地调研时发现，有的三甲医院新院区环境结构复杂且空间、过道狭窄，门诊候诊大厅十分拥挤，用户到达就诊区之后不了解看病流程是什么，患者需要询问医护人员才能知道检查室、取药室具体位置，候诊等待时医院没有为病人提供足够多的座椅供病人候诊，患者家属更是将过道围得水泄不通，多数医疗机构候诊服务体验改进侧重解决空间环境基本功能问题，尚未将患者就医情绪、心理体验等服务接触纳入考虑范围，主要问题可以归纳以下几点：

候诊环境方面，一是医院空间设计着重于治疗区（诊室、检查室等），忽略了非医疗区域（候诊大厅、走道等）的关注，造成候诊空间往往人满为患、杂乱，焦躁、病人通行困难。二是医院空间划分不合理且空气流通差、座椅配置数量不合理。无法充分满足患者需求、缺乏清晰有效的导视系统等。候诊设施服务方面，医院为患者提供的候诊服务仅限于设置座椅供患者休息，设施与人的人机关系人性化关怀不够。包括座椅的舒适度、座位使用管理和优先保障等对老年人士、特殊人群及身体障碍者，针对性候诊设施缺乏这些都容易加深患者焦虑状态。

图6-1是湖北某妇幼保健院候诊区场景，左边是等候区座椅，右边是孕妇检查室，空间距离设计上较好满足了陪伴效果，但座椅设施冬天冰凉，部分椅面已经向下倾斜，非常不适合孕妇休息，且墙上叫号服务屏虽显示了排队顺序，但医生并没有按顺序叫唤孕妇，所有孕妇只能挺着肚子拥挤在医生周围，抢着让医生优先注意自己，造成就医秩序混乱。有的孕妇进入房间很长时间也没有和医生说上话，进而

影响到外面陪伴家属焦急及不时站在房间门口张望，更导致通道拥堵、环境嘈杂，这样的候诊设施及服务方式显然是糟糕的。

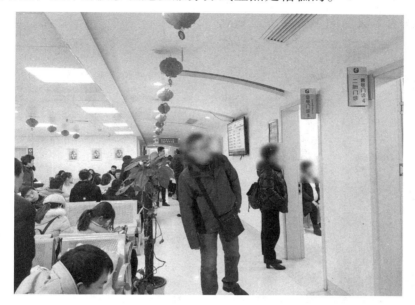

图6-1　就医候诊和休息区空间设计

人际体验方面缺乏对患者情感诉求和服务细节考虑。患者找到各科室楼层后并不清楚具体就诊流程，一般会问问分诊台医护人员，可能是每天工作量过于饱满、病人询问的问题重复性较高，这些很容易造成咨询服务者态度冷淡，使患者就医氛围压抑，甚至变成矛盾争吵高发场所。此时，病人、家属、导医人员、医生之间的就医服务关系梳理非常重要，包括陪诊家属需求、人流导向、患者心理诉求等，图6-2是图6-1医院后来改善候诊区服务流程后的场景，在科室入口设置了家属止步说明牌，为候诊孕妇专门划出安静等待区，保证了等待区座椅能最大限度满足孕妇使用，并在门口安排专人提醒家属退出候诊区。但由于科室前台在候诊区里面，不少家属为了帮助孕妇完成交材料、挂号等，基本上都进入了家属止步区域，整个候诊区仍然嘈杂。

（2）就诊环节

了解病史，医生如果想要详细了解病人既往病史，需要查看患者携带的纸质病历、检查单。如果是一个多年老病人，医生则需要翻阅厚厚的病史资料，若病人不小心忘带或丢失某些重要化验单，就有可能导致医生无法全面了解病人过去就诊情况。

图6-2 就医候诊服务和休息区改善后场景

医患沟通，很多患者天不亮就起床赶到医院排队、挂号、候诊，而医生为满足更多人看病需要，一般会快速地询问患者病情后开出检查单，所以患者通常是辛苦等待几个小时见到，不到2分钟就出来，这给病人印象是医生对患者认为的重要问题回答简单和不负责任，如果碰到脾气急躁的医生，非常容易造成医患矛盾升级。

2.就医流程设计缺陷分析

（1）就诊效率缺陷

目前，医院就诊服务流程典型问题是没有从医患、服务关系和患者体验层面设计就诊流程，患者就诊程序大多以医院安全管理为出发点，让患者被动适应医院的各项检查流程，从而带给患者诸多不便。如调查中统计的患者门诊等待时间至少花费1—2小时，医生直接诊疗时间为5—10分钟，其余时间均用于挂号、候诊、排队检查与取药时间等非诊疗，有些常规检查不需要医生仔细询问和诊治，只需医生签字开检查单给病人拿到下一个科室，却也让病人排队等待，这个过程不仅浪费患者大量时间，也耽误医生有效就诊时间和效率。

根据腾讯科技旗下的"企鹅智酷"2017年数据报告，异地就医中13%用户非治疗费用比例在40%以上，虽然手机移动端应用App、电话预约等线上平台极大方便了用户挂号，但对于超声检查之类的检验项目还需要用户前往医院现场预约。如武汉某大型三甲医院是全国就诊人流量最多医院之一，很多患者来自异地，其超声检查预约周期一般在一个月左右，异地患者需要来回数次奔波，既浪费时间也浪费金钱。同时，分级诊疗政策落实不完善，多数人习惯在大型医院检查，优质医院资源被占用现象突出，巨大就诊压力也使得医院工作人员工作量超标，无法将工作重心放在最需要救治的患者身上。

（2）医院服务环境设计缺陷

服务环境指患者就医过程中所接触到的环境设施是患者在触觉、听觉、嗅觉等各方面感知综合，包括医院内部布局、医疗设施设备、建筑环境、灯光、照明、色彩等。服务环境设计缺陷是患者出现消极就医情绪甚至出现破坏性行为的重要因素，如紧张的就医氛围、嘈杂的候诊场所等会增加患者消极就医体验。患者在就医过程中对未知疾病会出现紧张焦虑情绪，好的环境设计能辅助缓解患者的不安心理，患者在就医过程中所感知到的硬件设施、隐私保护、服务态度、科室布局等服务环境设计缺陷会明显影响患者对整体就医流程的评分。

（3）医院服务流程设计缺陷

患者就医过程中体验到的服务流程合理性与公平性，会对就医情绪和行为产生重要影响。如等候时间、流程结构、诊疗效率、公平对待、人性化服务等，如果服务流程缺陷明显，很容易触发患者的消极就医情绪。其中，服务流程设计的合理性和可感知性是患者就医体验服务的关键因素。不合理的就医流程设计会增加患者等待时间、就医成本，降低医生工作效率，并导致患者产生不满意、失望、生气等消极就医情绪和不当就医过激行为。不少医院就医流程随意性正是造成患者就医体验差、满意度低、医患关系紧张的重要原因。因此，改善就医服务流程设计是有效提升患者就医体验与满意度，解决患者看病难、排队时间长的重要手段。

（4）医院服务补救设计缺陷

服务补救是指医院发现诊疗失误或其他服务问题后为缓解和补救服务过失产生的用户伤害采取的修正、补偿行为。服务补救行为有助于维持长久服务关系并不断完善服务系统[①]。当出现医疗服务失败时，缺乏及时有效的服务补救措施、响应速度慢、方式不当都会加重患者负面情绪和抱怨，造成医患矛盾对立冲突。以往不少医疗纠纷、医患矛盾的出现往往与患者对医院服务补救措施的不满密切相关。

（三）就医服务设计介入

利用服务设计思维方法重新规划梳理就医服务，从患者、医生、医院角度出发思考问题，发现现有就医服务的不足，打造更符合各利益相关人需求的就医服务体系。

互联网＋就医服务为更好地完善就医服务系统提供了改善途径和手段，有效缓解了传统医疗服务的诸多问题，提升了患者就医的体验过程。互联网＋就医服务理念强调依托互联网技术改善患者门诊体验，以智能服务终端为载体提供诊疗卡发放、充值、挂号、科室选择、专家预约、诊单打印、缴费等，极大方便和缩短看病时间、增强了患者自主性。与传统窗口就医相比，两者最大区别在于人机接触取代面对面接触，使看病体验在服务过程、服务形态、服务载体、医患关系、用户行为、信息形态、风险感知、体验感、传递方式表现出差异。如表6-1所示。因此，从患者体验需求和智慧医疗发展看，互联网＋思维和模式推动了医疗服务新常态向自助服务转变、从医生导向转向以用户为主、从医院管理决策转向大数据决策、从诊疗完整生命周期思维

---

① 范钧，邱宏亮.医院服务设计缺陷对患者不当行为意向的影响［J］.商业经济与管理，2013（8）：34–42.

到服务迭代思维。

表6-1 就医自助服务与传统服务差异

服务形态	服务载体	医患关系	用户行为	信息形态	风险感知	体验感	传递方式
窗口服务	人	分离	被动	有形	低	弱	人际
自助服务	物	融合	主动	无形	高	强	人机

二、用户（患者）体验调研

（一）用户问卷调查

通过向不同人群发放问卷、访谈等收集相关就医体验数据，线上线下两种问卷方式展开调研实施，信息采集与处理、数据分析。

目标人群选取：医院门诊就医人群、潜在就医人群。为便于资料收集与精准定位，调研将研究人群界定在18—35岁年龄段的年轻群体，以了解此年龄段就医人群的行为特点为主，同时关注中老年患者就医需求。

问卷内容设计：根据调研目的，既依资料等设计患者就医问卷，问卷数量15—20题，答题时间控制在5-10分钟。问卷题目设计主要为封闭式选择题，便于被访者能轻松快速完成问卷。问卷内容涉及日常就医频次、就医原因、就医方式、就医选择等，包括基本人口资料，如性别、年龄、居住地等；医疗信任度、诊疗费用、隐私保护、就诊有效率、就医经历等20个问题，如图6-3。主要了解目标群体医疗态度、行为体验、互联网＋应用程度，及就医过程中障碍和体验痛点、满意度等情况。

问卷发放：此次问卷采用线上、线下两种发放方式。线上发放数量200份，线下发放数量50份。一是选择典型医院，现场调研采取访谈和问卷填写结合，研究者发放部分问卷请就医者填写，并选择若干患者进行提问和访谈，所有问卷均匿名、独立填写，如图6-4，图6-5。

二是利用移动互联网主流问卷调查平台（腾讯问卷、问卷星），将就医体验调查扩大到全国范围。

结果统计，本次调查共发放问卷250份，回收有效问卷232份，有效回收率为92.8%。

图6-3　问卷访谈内容

图6-4　问卷填写现场

图6-5　问卷填写现场

男性102例（占51%），女性为98例（占49%）。在医疗付费方式上，80.26%的受访者拥有不同形式的医疗保险，19.74%的受访者是自费医疗；51.94%的受访者认为门诊候诊等候时间不合理，无法预知，76.54%的受访者认为等候时间在1个小时之内是可以接受。多数人能接受的等候时间在1–3小时内。医疗信任度 95.42% 的受访者表示相信并接受医生的诊断结果；83.45% 的受访者认为医生安排的检查项目合理；51.83% 的受访者认为医生安排的住院天数合理和满意。

患者隐私上，87.24% 的受访者认可医护人员隐私保护，75.23% 的受访者认为医疗机构不会泄露患者隐私。就诊收费满意度较低，85.23% 的受访者认为收费较贵，53.12% 的受访者满意医院收费流程。就医选择上，72.02% 的受访者表示在首次就诊中会选择三甲医院，患者就诊时最看重医生诊疗水平，其次是服务态度；66.71% 的患者表示就诊时会找熟人的想法。

45.43% 的患者在就诊时觉得焦虑和恐惧，出现陌生感、烦躁、紧张、抑郁等情绪。41.54% 的受访者回答有不愉快的就诊经历，但仅停留在争执层面，没有发生较大冲突。

（二）用户访谈分析

本次访谈是补充问卷调研不足，如用户知识背景、使用经历、使用情境等，分析其背后原因和影响因素，帮助更深入了解人们就医服务的需求特点。

访谈对象邀请了12名无严重疾病，年龄在18—35岁的用户男女比例各占一半。受访者来自不同职业背景，对互联网＋医疗就医形式有一定使用经验。访谈过程事先制定的脚本以半结构式访谈，时间在1小时左右。访谈脚本内容主要关注：用户就医活动规律、就医习惯与就医选择；医疗移动应用端 App、微信、支付宝服务号等智慧医疗软件使用；用户就医流程需求、痛点与不满。访谈结果分析用户就医过程中阻碍主要有：挂号时不确定自身疾病情况、对科室及医生选择易迷茫、候诊时间长、诊断报告等待时间长、不确定互联网等渠道了解的疾病信息是否准确。

（1）患者就医心态复杂，就医利益相关者对医患紧张关系有一定影响

一方面，患者就医过程中对医生的诊疗水平有过高期望，希望能

快速治愈。当患者过高的期待未被满足时会大幅度降低患者就医的满意度。一旦治疗效果与预期相距甚远时，患者会出现不良情绪，如果医护人员冷漠、医生态度僵硬容易使患者对医学解释持怀疑态度。怪责医院或医生技艺不精。另一方面，诊疗费用较高也影响就医满意度。多数患者认为医院收费公示不够清晰，缺乏药品费用的公示窗口，当患者产生疑问时缺乏解释和沟通途径。

（2）医患角色不对等，患者适应医院节奏流程

现行就医模式大多数是从医院管理和安全角度出发，与患者注重的流程便捷性存在不协调时，患者往往处于被配合、被压抑状态。此外，患者差异性较大，现有就医流程设计采用标准化模式，生理弱势者，信息弱势者等群体易被边缘化，年轻人普遍工作较忙，无法在工作日就诊。而优秀医生不会周末坐诊，这些都是患者就医差异化需求体现。

（三）就医服务观察及行为记录

时间、地点、人物、环境、物品构成特定服务流程中的用户行为要素，如病人挂号流程中包括就诊时间、挂号平台、诊断医生等五要素。观察看病服务流程及用户就医行为有助于发现患者就医过程需求，获取用户行为数据。本次调研中，选择以武汉市第一医院看病服务为观察对象，记录了一名年轻用户就医过程及行为。

1. 就医服务实地观察

武汉市第一医院1927年建立，整个院区面积173亩，是集诊断、医学科研、培训和健康管理等功能的大型综合三甲医院和全国重点中西医结合医院，年均门诊量高达279万人次。近几年，该医院"互联网+医疗"发展快速，应用移动化、智能化医疗重新梳理服务流程体系，使患者在"指尖"完成就诊。

（1）就医服务现状：本次观察以一个完整就医过程展开，经历预约、就诊准备、就诊过程、就诊结束四个部分。

预约挂号：在网上预约过程中，预约过程包含：绑定手机号码—绑

卡成功—面部识别—确认挂号信息—确认挂号信息—填写就诊卡身份信息—选择就诊科室—选择就诊时间段—选择就诊医师等9个步骤，如图6-6、图6-7。

图6-6 预约挂号服务步骤（1-5）

图6-7 预约挂号服务步骤（6-9）

就诊准备：

大厅基本服务：①进门 → ②咨询服务管理中心 → ③挂号处 → ④自助服务设备 → ⑤就诊楼层，如图6-8。

图6-8　医院大厅

科室就诊楼层：①自动报道设备→②挂号报道系统→③报道单，如图6-9。

① 自动报道设备

② 挂号报道系统

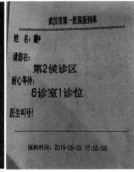
③ 报道单

图6-9　科室就诊楼层

科室候诊区：①就诊等候区→②叫号显示屏→③当前诊室排队列表，如图6-10。

① 就诊等候区　　　　　　　② 叫号显示屏　　　　　　③ 当前诊室排队列表

图6-10　科室候诊区

就诊过程：

医生诊疗：① 面诊→ ② 药品单和其他检查→ ③ 前往理疗室→④ 理疗排队检查，如图6-11。

面诊　　　　　　　　　　　药品单和其他检查　　　　　　前往理疗室　理疗排队检查

图6-11　医生诊疗服务

就诊后取药：① 前往药房→ ② 自助取号→ ③ 排队取药，如图6-12。

前往药房　　　　　　　　　　自助取号　　　　　　　　　排队取药

图6-12　取药服务

（2）服务触点问题思考：经过一次完整就医过程观察，

就诊流程仍存在不清晰现象，如网上预约后不能显示所在科室信息，患者进入医院大厅无法迅速前往就诊科室，一般会在大厅咨询台询问、拥挤在大厅自助机上完成挂号、缴费等，事实上各分诊楼层和科室门口也有自助终端。

自助终端界面功能高频使用设计不突出，有一定使用门槛，体现为设备种类多，操作方式不统一，通用设计缺乏，如图6-13。

图6-13　医院自助服务终端

楼层索引、墙标、地标、悬挂标牌、电子屏、桌面信息、纸质信息、易拉宝等信息提示服务杂乱，如图6-14。

图6-14　医院服务信息负荷较大

不同科室公共资源没有按人流数量分配，如患者较多科室前没有充足休息椅等设施，如图6-15。

192

图6-15 科室门诊休息区设施不足

1. 典型用户小Ａ，女性，32岁，求诊医院：××甲妇产科医院

用户就医行为轨迹1：挂号

小Ａ是一名上班族，平时工作较忙。因为周三医院人比较少，她一般会选择周三去医院看病。早上6点，小Ａ通过医院微信公众号预约了当天门诊号，其预约数字是3号，这意味着她的前面只有2人就诊，她知道医院是8点上班，所以她预估自己8点半左右到达医院刚好可以看病。

分析：微信、支付宝作为用户日常生活中比较常用的App，其公众号、生活号极大方便了用户生活。如国内比较知名大型医院过去经常有很多患者凌晨5点前往医院门口排队挂号，号贩子在门口以10倍、20倍的价格兜售号源，但微信公众号的当日挂号功能、预约挂号功能有效阻挡了这种现象，极大改善患者挂号困难状态。

用户就医行为轨迹2：就诊

早上8点半左右，小Ａ准时到达医院。一大早医院早已人满为患，小Ａ的微信挂号单上写着不必取纸质单号，可以直接到3楼就诊。小Ａ经过步梯上了3楼之后却找不到门诊在哪里，也没找到可以询问的医护人员或导医。她看到前面有一名穿着类似医务者的人在教患者用挂号机挂号，她过去询问是不是在这里就诊。挂号机工作人员回答：这里是挂号的，你们微信挂好号的去前面就诊。小Ａ不知道前面是哪里，转身发现医院过道狭小且挤满了患者和家属，仅有的几个收费窗口前面排满了人，根本没法询问。好不容易找到本楼层门诊护士站，小 A 告诉护士自己的序列号，护士告诉她去 2 号诊室。小 A 赶紧站在 2 号诊室门前，诊室门关着，门上没有提示里面是否有病人在就诊，小 A 不确定是否自己应推门进去看看。过了一会，里面医生打开了门并叫下一个号，小 A 进去后简单描述自己症状，告知医生自己要做超声，于是医生给小 A 开了超声单，整个就诊流程不到 1 分钟。

　　分析：微信上虽然告知用户去 3 楼就诊，但没有科室具体位置，而且用户需要先在候诊大厅等待叫号后，才能知道自己被分配在哪个诊室。如果微信能够同步提示用户被分配在哪个诊室，并提示大致的就诊时间（或提示前面尚有几位患者等），那用户就不需要在狭小的候诊大厅等候。除此之外，对于像小 A 这类只需要医生开检查单的患者，可以设置一个专门为患者开检查单的医生工作站，这样既减少患者等待时间，也减轻坐诊医生的工作压力，避免排队半小时，就诊 30 秒的事件频繁发生，提升就诊效率，缓解医患矛盾，优化就医服务体验。

　　用户就医行为轨迹 3：检查

　　小 A 拿了超声检查单，边走路边在手机微信里缴纳了检查费用。接下来她需要去一楼的便民服务中心预约超声检查，预约后再去 2 楼超声检查室。到了 2 楼后，小 A 发现超声检查门口挤满了人，大家都站着等待叫号，仅有的几个座椅已被患者家属占用。大约等了 10 分钟，小 A 进入检查室做了检查。

　　分析：检查环节成为患者体验最差的环节。因为患者是身体不适人群，拥挤的检查大厅没有提供患者专门休息设施。加上患者对未知检查结果的恐惧、对检查过程中可能出现的不适感心理，这些内外因素造成检查环节是患者用户体验最差的接触点。

　　用户就医行为轨迹 4：复查

　　小 A 把检查单拿回 3 楼门诊给医生查看，医生给小 A 开了药单，并嘱咐 3 个月后复查。小 A 在去药房取药的过程中再次通过手机微信支付了医药费，在取药窗口通过刷就诊卡拿号，等待一会后取回了自己药物。小 A 仔细查看药品，发现上面写着 3 个月为一个疗程，但是医生只给她配了半个月的药。那么究竟是只吃半个月就可以了，还是应该按药盒标示的要吃 3 个月？看病时太匆忙，医生没有告知她，她也没想到这些。而且药品上没有写明是饭前服用还是饭后服用。于是小 A 为了放心，重新跑回 3 楼找医生询问，医生告知她需要服用药物 3 个月，但是医院一次只能给患者开半个月药量。小 A 需要每半个月过来配一次药，这个药是饭后服用。小 A 谢过医生之后不禁起疑，这个药需要吃 3 个月，医生怎么也不告诉我，如果我不上来问，岂不是只吃半个月就停药了，病就不能得到有效治疗，为什么医生这么不细心。

分析：事实上，患者做完前期设备检查后，拿着检验单给医生，听医生告知检查结果和建议是整个就诊过程中最重要的服务接触点，也是患者对自己健康状况有正确清晰了解的关键环节。医生在为小 A 开药前若询问简单或匆忙，配药之后未告知服用时间以及服用禁忌，很容易使患者了解不全，此次就医中最疏忽的是未告知小 A 所配药物需要服用一个疗程，只配了半个月剂量，使小 A 来回两次询问才得到准确了解。

用户就医行为轨迹 5：就诊后

看完病已是上午 9 点半，小 A 从就诊到离开医院一共用了 1 个小时，时间消耗不算多，相比过去就医效率有了很大提高，但就医体验仍然不太满意，看完病后想找个地方休息，走了几圈没有找到空置座椅，于是赶紧回家休息了。

分析：患者就诊结束后，相当于整个就诊流程告一段落，虽然看病环节结束，但医院就医体验并没有结束，如小 A 需要坐着休息一下，顺便整理自己的病历资料、药品等。但在小 A 就诊的医院，不仅就诊过程中各门诊区座椅紧张，就诊后非就诊区仍然难以找到供患者休息的地方，对于女性患者、体弱患者、儿童、老人等身体体能弱者，显然缺少人性化关怀。

三、服务流程的就医系统设计分析

人物画像法可以快速整理前期调研结果，将用户数据特征构建成典型患者形象，帮助团队成员更切合真实情境识别目标群体，提取用户需求，引导下一步设计方案构思。人物画像设定依据来自问卷调研和背景资料分析结果，根据就医服务相关利益者梳理、患者就医情境、就诊体验问题等勾画就医服务利益相关者特征和诉求。

第一步：梳理利益相关者名单。列出就医过程中利益相关者，思考所有就医流程中出现的人和组织，如医生、患者，医院、号贩子、病人家属、朋友、医疗监管机构、医疗企业、第三方平台、媒体等。

第二步：排列利益相关者关系次序。比较就医服务相关利益相关者关系排序，按重要程度、就医服务直接相关性划分，如医院是就医服务提供者，患者家属是利益相关者，但他们不是最直接影响者和体验最核心环节，号贩子、医生、护士等对病人就医影响更直接。

第三步：理解核心利益相关者。设计师在前两步基础上重点分析就医流程中的核心利益相关者服务需求和体验问题，发现关键因素所在，为下一步设计方案展开提供创新切入点。分析内容包括正面或负面情绪是什么、服务产品问题是什么、为什么这样等，这一步可使用用户服务蓝图、用户旅程图等分析工具。

（一）就医服务利益相关者画像

就医服务看似医生与病人关系，背后实则涉及护士、医院各部门、医疗企业、互联网平台、患者家属、卫生主管部门、媒体等多方面服务，这些群体直接或间接影响着病人就医过程中的各类体验情绪。如图6-16。

图6-16　就诊服务利益相关者

1. 构建目标用户画像

人物角色画像1：年轻就医用户

徐某是一名年轻白领，独生子女，平时工作较忙，每年去医院次数不多，对医院拥挤、混乱感觉很不好，去一次医院就是体力、身心的考验。如图6-17。

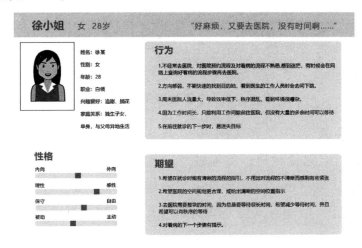

图6-17　年轻就医用户画像

人物角色画像2：中年就医用户

张某是一位45岁上班族，因为身体原因经常去妇科医院就诊，每次去医院看到人挤人的门诊大厅都让她心情压抑，在拥挤大厅来来回回穿梭多次，导医台前人满为患，等待就诊过程总是找不到休息座椅，有些座椅被患者家属及行李占用，也不理解为什么不多增加休息椅或将病人与家属休息椅分开，进医院后只想快点看完病赶紧回去，如图6-18。

张女士　上班族　45岁

Day in the life

张某因为身体原因经常去妇科医院就诊，每次去医院她都找不到诊室在哪里，而且医院休息处的凳子都被患者家属霸占着，她想休息都没有地方。

" 希望医院内部路标明显，诊室容易找，有患者坐着休息的地方。 "

End goals

医院标识清晰，有患者休息处

Experience goals

医院导流畅通，不要到处都是人

Pain points

每次去看病都要来来回回找诊室，走廊过道都是人，让我觉得心情很糟糕

需求KANO模型	需求分类
必备属性：轻松找到诊室 期望属性：充足的休息空间 魅力属性：医院人流划分有序，有好的就医体验	医院导航标识清晰 候诊、就诊后有休息的地方 医院加强秩序管理，让病人有好的就医心情

图6-18　中年就医用户画像

人物角色画像3：老年人用户

吴某是一名退休教师，每年要去几次医院做体验或其他检查，对医院比较熟悉，虽然也喜欢用智能手机看网络新闻，但用智能手机挂号、付款等不熟练，也没有支付宝移动账号，去医院仍习惯排队缴费挂号，站的时间长了，身体就不舒服，如图6-19。

图6-19　老年患者用户画像

2.医护人员用户画像

当社会视角纷纷关注患者利益同时，医生作为核心利益相关人之一，他们所承受的职业压力往往被忽视，关注医生职业压力和心理诉求也是服务设计考虑范围。王医生是国内知名医院的主任医师，每天要接诊300位病人，上厕所时间都没有。有时候病人抱怨："王医生，我大老远赶过来，你怎么1分钟不到就给我看完了？"王医生只能苦笑，有些病人在当地医院完全可以治疗，集中在大医院，不仅增加了医院和医生的工作负担。也必然挤压诊断时间分配，医院里还有各种科研考核、带教任务，工作压力非常大，如图6-20。

（二）患者就医服务体验图分析

用户体验图可以帮助服务设计师理清就医流程中各个角色交互关系，发现互动情境中问题，这里主要使用了旅程地图和服务蓝图进行描述和展开分析。

王先生 医生 35岁

Day in the life

王医生是国内知名医院的主任医师，一
天要看300个病人，有的病人的毛病完全
可以在普通医院治疗，还非得跑到我们
大医院，增加了我们的工作压力。

" 希望医院病人少一点，多换位思考理解
一下医生，也希望工作压力小一点 "

End goals

医患双方互相理解、分级诊疗

Experience goals

工作压力小一点

Pain points

每人都有看着看不完的病人，上厕所的时间都没有
有些病人动不动就对医生不满，心很累

需求KANO模型	需求分类
必备属性：分级诊疗 期望属性：医患关系和谐 魅力属性：工作压力小	通过分级诊疗筛选最有需求的病人 病人和医生和谐相处 每天的工作压力不要那么大

图6-20 医护人员用户画像

1. 患者就医旅程图分析。旅程图以病人就医过程为横向和时间轴
线，以关键行为交互触点为纵向构架，从服务细节上描绘患者就医流
程中的行为表现、情绪以及痛点问题，以可视化图形方式呈现，如图
6-21。

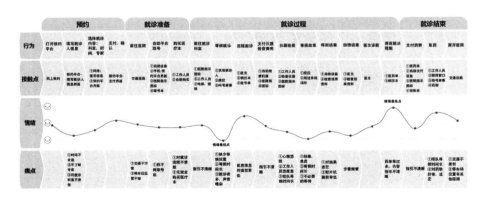

图6-21 患者就医旅程地图描绘

2.就医服务蓝图分析。在前期调研数据整理和问题观察中，发现了不少患者体验抱怨点，这些问题的产生既与医护人员相关，也间接原因产生于医院服务后台系统，这里以服务蓝图初步描绘了前后台相互影响和关联。如图6-22。

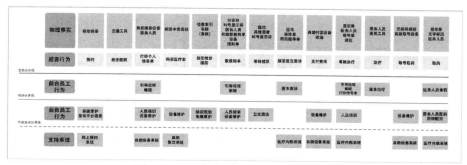

图6-22　患者就医服务蓝图分析

四、智慧平台的患者就医服务设计

（一）就医服务流程和触点改进

医院就医服务可以大致分为就医前、中、后三个阶段，根据患者群体特征提供差异化服务替代，减少服务流程中的重复、交叉触点，年轻人、老年群体依托互联网技术在预约、候诊、缴费、报告查询、取药等就医流程中分别对待，避免弱势群体现象产生，进而提高患者有效就诊时间、医院空间设备使用效率、就诊效率。如图6-23是改进后的就诊服务流程，在顺畅性上优于现有流程。

1.就诊前服务

预约挂号阶段可以通过智能手机微信公众号、医院App、电话预约等方式提供服务，患者也可以在医院通过自助式医疗服务智能终端预约挂号或现场挂号。用户自行通过智能设备预约挂号后，系统提示给用户具体就医时间和诊室所在位置，并附带诊室地图，用户只需要在就诊约定时间到达医院即可，既减轻医院线下拥挤，也节省患者看病时间。

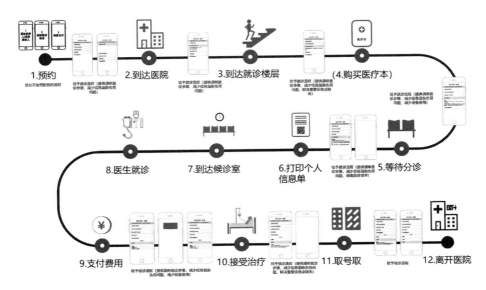

图 6-23　服务流程改进设计思考

　　对老年用户及智能设备弱势用户，可以通过短视频或现场人工教学提供简单指导，不方便前往医院预约挂号的老年用户，通过所在社区卫生中心代替预约，社区医疗工作人员帮助老年患者预约挂号，并告知具体就诊时间，免去老年患者来回奔波及长时间排队。与此同时，有智能手机并有学习能力的老年患者，社区工作人员可以定期开展智慧就医培训服务，帮助老年用户使用智能手机轻松挂号就诊。

　　在武汉同济医院调研中，我们看到医院里已全部采用自助医疗服务智能终端和移动端 App "掌上同济"、微信公众号、支付宝生活号提供挂号、缴费服务，其所有窗口均不再提供挂号、划价服务，仅留少量窗口提供就诊卡充值服务，缴费在就诊过程中由医生直接刷卡划价，用户既节省大量时间也免受排队之苦。对异地患者来说，知名医院和本省大型医院医疗检查设备相差不大，吸引他们不辞辛苦来回奔波的原因是知名医院的医生，他们有更丰富的治疗经验和更强的专业技能。因此，医院可以为异地患者提供语音或视频诊疗服务，患者预约线上就诊，将检验单、病历在线发送给医生，由医生查看并提出诊治意见，患者在本地医院配药或做下一步检查。

2.就诊中服务

用户在候诊过程中可以通过智能设备查看就诊时间需要等候多久，如果患者心情紧张，医院为候诊者提供放松心情的环境（如便利店、咖啡店等）。

过去，患者需要携带很多以往的就诊病历、检查单给医生翻阅，医生阅读厚重材料需要一定时间。如果医生看得过快还会让患者感觉阅读不仔细，专业度低。且纸质病历易丢失、不便保存，利用"互联网＋"平台共享电子病历，能存储患者在所有医院就医记录、患者用药禁忌等信息，医生调取电子病历能全面快速了解病人身体状况，大数据病历库还能够为医学研究提供丰富病种案例，医护人员可以从海量数据信息中了解某种疾病起源、发展与诊治，为用户提供预防建议。

3.就诊后服务

患者检查完毕及离开医院并不意味着患者看病需求全部完成，一些慢性疾病需要长期服药或者定期复查，诊后跟踪观察也是智慧医疗就医服务设计的一部分。用户取药回家后，可能不知道药品服用方式，如饭前服用还是饭后服务。依托智慧医疗就医服务体系，患者可以在智能设备上查询服用的药品信息或者服药注意事项，智能设备可以提醒用户按时服药。医院的药盒上也会增加一张卡片，注明药品名称、规格与数量、用法、所属人、开药医生、开药时间等服务信息，用户扫描卡片二维码查看完整服药说明（如图6-24）。

图6-24 丁香医生药盒设计

智慧医疗使患者医疗信息在各医疗机构之间互联互通，可以为医生与患者之间建立"医患沟通平台"，医护人员通过调阅患者电子病历了解患者既往病史、就诊经历、以往用药情况、过敏史等，用药禁忌等，避免信息缺失使患者做重复检查，有效降低患者就医成本，为解决医患矛盾、提高医疗效率、跟踪复诊提供有效措施和办法，病人就医回家后通过该平台向医生咨询病情困惑，医生也可通过此平台关注病人恢复状况。同步监测用户健康数据，建立健康档案，帮助用户预防疾病。同时，医患双方可以通过该平台相互评分，加强沟通，提升服务质量。公共卫生服务可以获取公众健康状况，针对性制定疾病防控和健康教育工作，用户通过手机 App 自动监测用户健康数据，当监测到用户数据发生变化时，系统会提醒用户注意，或及时就医，或通过远程医生指导进行自助式治疗。

（二）就医服务系统的功能定位

1. 需求定位

（1）患者就诊

异地患者在就诊：用户通过就医服务系统预约在线就诊，选择就诊时间、医生、科室，并在就诊前将病历、化验检查单上传至系统，医生可提前查看病人病历，并在预约时间在线通过音频、视频方式为患者诊治，在线诊治医生可以为患者开处方单，提供治疗方案，病情严重者或无法在线诊治的患者可以前往医院就诊。

老年用户就诊：

"互联网+"就医服务为老年人等弱势群体的通用设计对医院及就诊流程设计提出了挑战。自助设施减少设备种类，整合服务功能，降低医疗设备使用门槛，老年人用户通过社区卫生服务中心的工作人员或智能设备进行预约挂号再前往医院，通过社区智能设备为自己的医保卡充值，提高老年患者就诊顺畅度、就诊效率。

（2）优化患者就医体验

在医院空间设计方面，就医导视系统应根据患者就医流程设计，如不同功能楼层使用不同色彩进行一体化设计，配合多媒体交互就医引导系统，为患者打造识别度和易用性俱佳的就医体验，实现医院空间信息减负。在智能设备方面，患者通过手机挂号后，系统会提示大致就诊时间和具体诊室位置，并附带相应导航地图。在休息设施方面，医院可以通过告示牌、可视化屏幕、座椅区别设置等方式提醒患者家属把座椅让给真正有需要的人，患者也可以通过手机 App 寻找哪里有空余可休息座椅。

（3）诊间关怀

用户长时间候诊时，容易产生焦虑感，医院在就医环境设计方面为患者增加娱乐设施，如杂志、音乐播放等，引导患者在等待过程中查看一些健康相关小知识或其他有助于放松、愉悦的视频，制造轻松就医氛围，减少患者等待焦虑，降低医患冲突概率。

（4）诊后服务

诊后关怀包括患者用药提醒、复诊提醒、健康检测等，患者通过App 查看本次就诊后需要服用的药物及具体服药方法，服务系统自动提醒患者按时服药。提前提醒患者复诊，并随时检测患者健康状况，当健康水平低于警戒值时提醒患者及时就诊。

2. 功能定位

医院作为一个治疗服务平台和疾病解决的综合机构，不仅需要关注空间环境、软硬件设施医护人员水平等还需要关注就医服务流程、医患体验等要素对就医的重要价值，借助服务设计构建人性，高效性就医关系。从广大医服务产品，服务方式上创新患者体验有其探索价值。

一是产品功能性设计层面，线上流程加入空间位置信息，整合自助设备使用系统性和降低使用门槛。二是服务方式与内容创新，为用户提供清晰个性化就诊流程提示、在线挂号、路径导航、智能候诊、在线支付及取药等服务，与线下空间信息结合，根据科室患者流量合理分配服务资源。

（三）就医服务系统设计原型与体验评价

1. 原型设计

（1）异地患者在线就诊

异地患者在线就诊时可以通过 App 首页的在线诊疗功能，查看、搜索就诊科室与医生，点击具体的就诊时间段，确认预约并网上缴费，预约成功后上传电子版病历，如图 6-25。

图 6-25　原型设计 1

选择医生和诊室的时，用户可以按照当日在诊的医生选择，也可以按照日期选择，显示"预约"字段的医生表示可以预约，点击后弹出对话框，用户确认是否预约，如图 6-26。

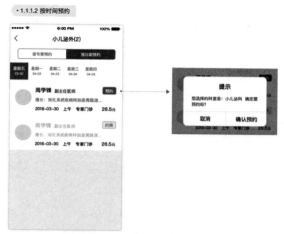

图 6-26　原型设计 2

　　用户在预约成功后需要在就诊前上传病历和添加病情描述，便于医生提前了解患者情况，患者还可以在当前页面取消预约，如图 6-27。

图 6-27　原型设计 3

（2）查找院内休息座椅

用户可以在医院导航里查看各楼层的座椅空置情况，如图 6-28。

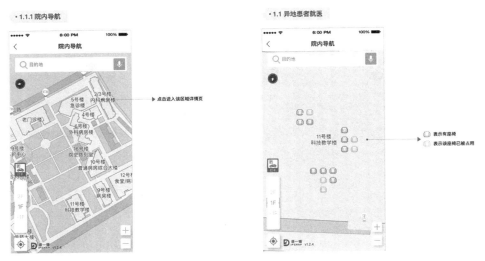

图6-28　原型设计4

（3）我的页面

用户在"我的页面"可以查看预约挂号、我的问诊和我的药物，查看本人电子病历，向就诊过服务医生提问，如图6-29。

图6-29　原型设计5

用户可以在病历详情页面查看具体的就诊情况，查看正在服用的药物以及药物的详细信息，包括服用方法、药品有效期等，如图6-30。

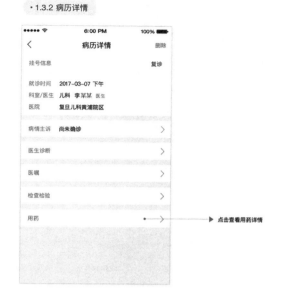

图6-30 原型设计6

2. 视觉设计

就诊服务界面是患者看病的重要信息载体，本服务方案的目标用户是18—35岁年轻群体，他们经常使用电子产品，出于对用户视力保护考虑，视觉设计选择白色、绿色为主色。根据用户的信息需求以及认知心理，访问路径短、信息界面透明化等特点界面设计运用扁平化风格，简化排列方式，适用于看病任务种类多、信息多样化且综合性强、信息需要即时反馈需要如图6-31、图6-32。

3. 可用性测试

服务界面设计完成后的使用效果如何，需采取相应测试进行方案迭代，这里主要从任务测试结果分析和用户满意度两方面展开。

· 1.1 异地患者就医

· 1.1.1 在线诊疗

图6-31　视觉设计1

· 1.1.1.1 按专家预约

· 1.1.1.2 按时间预约

图6-32　视觉设计2

用户测试共招募了35人（包括2位异地居民，1位女性）测试流程如表6-1所示。通过对测试记录进行分析，三大核心功能用户基本可以顺利完成，但其他内容有部分操作流程层级较深，易让用户产生倦怠，在细节处需要提升。如表6-2

表6-2 智慧医疗App可用性测试表

	姓名	张××	连×	李×
用户	联系方式	1521309××××	189320013××	1726693××××
	职业	审计	法律	前端开发
	年龄	45	35	25
测试信息	时间	2018/2/23	2018/2/27	2018/3/1
	记录员	刘×	刘×	刘×
	备注	微信公众号挂号	微医网等App挂号	异地就诊患者
测试内容	计时	5min	5min	3min 53s
	完成情况	完成	完成	完成
	体验	使用了预约挂号功能；使用了院内地图，查看空余的座椅数；在我的里面查看了自己就诊记录	点击"检验报告"，查看自己的检查报告单；根据需求，按时间段预约了医生；查看了自己正在服用的药物	通过在线就诊预约了医生，并上传了病历；在健康档案里补充了自己以往的就诊经历
测试内容	你觉得这个App有哪些优点	可以查看院内地图；可以查看我过去的就诊病历	可以查看自己正在服用的药物；医生预约流程比较方便，信息比较全	可以建立自己的就诊档案；预约在线就诊节省了异地患者的时间和精力
	你觉得这个App怎么样	页面比较清爽、直观、简单；速度快	整个操作流程比较顺畅；界面设计简洁	比较方便使用；有利于建立我的医疗数据
	你觉得有哪些点设计得不足	没有很多的医疗科普知识；我的电子病历里面信息记录不够多	缺少一点有趣的功能；如何可以在线买药	总体而言我比较满意

（四）"互联网+"就医服务设计新常态

随着生活水平提高，人们对医疗健康的重视日趋明显，医疗机构从过去的治病治疗发展为预防、保健、健康管理并行的多元化服务模式，就医变成了一种包含健康咨询、就医医疗、健康管理在内的健康体验。

研究观察中，智慧医疗走在全国前列的武汉中心医院为研究公共服务设计提供了很好的案例，该院是湖北省大型三甲医院和武汉智慧城市示范单位，早在2010年就完成了门诊信息系统设计。虽然每年门诊服务达200万人次以上，但庞大的门诊量并没有给医院带来瓶颈问题，这与中心医院基于"互联网+"的就医服务设计有直接关系，近年来，它在就医服务设计方面进行了以下三方面探索和实践。

1. 构建以患者为导向的自助服务式角色

日本设计师内田繁谈到，21世纪是从"物"向"事"的变化，由20世纪"物质"时代向"关系"时代转变。显然，传统就医服务模式以方便内部职能管理为主，是一种"物"的设计理念，医院优先关注就医功能，病人按线性流程就医，未体现出以病人为中心，一定程度上弱化了患者感受，这与个性化医疗服务需求日益矛盾。武汉中心医院利用互联网+技术在门诊入口和各科室分别设置查询终端、挂号终端、缴费终端等自助设备，将传统人工窗口服务转向以互联网+为载体的用户自助服务。现在，医院挂号、取单、缴费等服务完全依托于终端设备与患者，患者扮演了非常主动的"协作者"角色，病人不需集中在上午某一时段前往门诊厅，个人随时随地都能办理诊疗手续，这既减少了患者就医时间和空间限制，减少了患者等待的焦虑感，也提高了医院服务效率。此外，考虑到有的人看病时忘带医保卡，武汉中心医院设计了一套"人脸识别"在线系统，用户只需对着手机摄像头刷下脸，系统就会主动识别身份和完成看病支付，这种交互方式有效提升了用户使用的便利性和情感体验。据武汉中心医院统计：实施移动互联网后的人均排队次数减少3—4次，排队时间减少1/3—1/2。

这种协作化设计与自助式服务代表了医院公共服务设计从"物的中心"转变到真正"以人为中心"的关注。

2. 基于智能信息终端的全流程服务设计

面对病人激增、资源紧张、医患矛盾等危机，解决就医服务与病人体验的关键是就医流程设计。以往，武汉中心医院门诊人流量大，门诊区域里人群拥挤、环境嘈杂、服务态度差、排队等待等既是用户痛点，也是用户体验的核心接触点（Core Competency），几乎整个就医流程都存在用户体验痛点，如何优化门诊服务流程关系着患者就医体验的好坏。为此，武汉中心医院利用智能应用在以下几方面进行了服务流程设计。

一是提供多元化预约服务、发卡和挂号渠道，减少排队时间。医院在门诊大厅和各科室设置智能服务终端，携手"趣医网"推出"趣医院"App，患者在医院自助端或手机移动端完成预约、查询医生信息及检验结果、支付等功能。

二是医生诊疗和付费的流程优化。在诊疗上，医院建立线上的医患交流方式，弥补病人与医生在物理空间诊疗时间短的体验痛点，在付费上，医院依托银行推出"先诊疗后结算"服务模式，患者可用银行卡付费、医院App移动支付或信用卡预交，解决患者现金预存不够和排队付费问题。

三是诊单流程优化。以电子病历系统（Electronic Medical Record，EMR）为纽带，患者在医院随处可见的自助终端上了解费用、查询检验报告、打印诊单，减少了各窗口来回奔走次数。武汉中心医院通过智能终端优化服务接触点，有效分流和改善排队等待现状，增加了就诊信息的透明度和共享性。

3. 移动化的互动服务平台设计

在以患者为中心和改善服务流程设计的基础上，武汉中心医院围绕患者就医服务需求衍生出新的服务设计内容和服务体系。

一是服务内容上增加移动互联网医院应用设计，增加了患者对就医信息的即时通信和社交属性，借助支付宝、微信、掌上客户端、智能客户端类（自助服务终端、智能多媒体电视）等设计了"武汉中心医院 App""武汉中心医院微信服务号"，患者通过手机 App 全程参与到就诊前、就诊中、就诊后的疾病服务，如用手机在线预约、查看检验报告、在线缴费等，诊疗或住院期间收到注意事项提醒、与管床医生及护士在线沟通、投诉和评价医疗服务满意度等，就诊或出院后还可与主治医生沟通咨询、复诊预约等。

二是服务体系上围绕门诊服务内容设计了就医服务平台，延长和扩大与就医相关的服务半径。随着移动互联和智慧城市建设，越来越多的医院开始关注医疗信息平台建设，武汉中心医院打破传统医院概念和思想围墙，以"智慧服务"为理念链接线上线下，除了提供优质看病服务，还为每一位门诊患者提供看病配套服务（智能点餐和配送、停车导引和预约）、日常健康咨询，与百步亭社区、民权社区及其他医院建立医疗联盟网络平台（预约挂号、预约检验检查、双向转诊服务），实现分级诊疗和信息资源共享。此外，武汉中心医院还与阿里合作了"阿里健康"开放平台，实现远程门诊服务，用户登录网上"天猫医药馆"入口进行挂号和就诊，由医生给出电子处方后，用户在"天猫医药馆"下单买药，阿里旗下的大数据物流平台"菜鸟物流"完成药物配送。这些互动式、平台化服务设计保证了患者就医过程的顺利进行和体验舒适度。

现在，武汉中心医院依托信息技术初步实现了就医服务的三个转变，即从提供疾病诊疗服务转向提供健康医学服务、从医院管理为中心转向个人 / 家庭健康服务为中心、从被动服务转向患者自助服务。

因此，就医服务不仅靠尖端医疗技术，更体现在良好的用户服务体验，信息技术的发展带来了服务方式的革新，"互联网 +"医疗自助服务改变了传统窗口服务形式，为患者提供了更方便的信息获取方式和看病模式。随着智慧医疗服务的发展，以"患者（用户）"为中心的自助服务将是未来医院看病服务的新趋势。

第7章　服务设计未来发展

2020年，我国第三产业（电商、物流等各类服务）在GDP与比高达54.5%。随着服务业在国民经济比例越来越高，服务设计逐渐受到重视，在公共服务、教育、医疗、互联网等领域广泛开展。如何识别客户需求、建立有效服务标准、增强客户体验是服务质量提升难点，通过用户体验研究与系统设计方法完善服务体验流程和触点正是服务设计关注重点。同时，随着设计社会创新探索与边界扩展，服务设计价值被融入复杂社会系统，成为社会、经济、环境危机提供解决策略、协调"人—物—环境"关系的知识技术之一。

一、服务设计面临的挑战

（一）设计知识跨学科的挑战

传统设计学科受制于知识差异隔阂和学科差异隔阂，形成比较固化的产品形态研究范式和理论方法，习惯使用单学科知识分割理解社会现实，只是对社会某一领域、对象、角度、过程等研究，也就无法清晰解释社会现象和提供最佳解决办法。因此，设计推动社会发展的创新思维必须通过跨学科思考来表征问题，在掌握本学科基础知识，熟悉学科基本研究方法前提下，如何从不同学科背景中重新表征问题至关重要，服务设计思维正是将管理学、服务科学知识工具迁移到设计学科的知识空间内重新定位，解决人与物、自然、社会、信息、他人的相互关系，这种跨学科思维有助于拉开问题广度和扩展问题深度，形成问题研究多个层面，改变问题表述方式。

过去，设计创新的知识语言是形式与功能、效用与美。现在，设计重心从"物性"设计转向服务设计、信息设计、商业模式设计、生活方式设计等"非物"层面思考，如图7-1所示，围绕创造人造环境和处理人类需求，传统设计创新与新的设计创新关注点呈现较大差异。因而服务设计不仅仅是物的设计，还涉及机制、环境、社会组织、相关利益者需求调节等，从设计内容、设计模式看，服务设计需要的知识形式多样，为深入理解用户需求，设计研究者需要采用民族学、符号学、人机学、经济学等研究方法，为描绘服务流程、建立可用性服务体验需要采用管理学、服务科学、信息学等研究方法和工具。

图7-1　传统设计与创新设计差异

事实上，近些年设计学科经历多次调整也是此原因，如图7-2所示，设计学名称前后经历了工艺美术、工业美术、艺术设计、设计学多个词语。

图7-2　设计学科名称变迁

以国际工业设计协会（ICSID）定义的工业设计概念为例，通过概念变迁更能清晰看到设计知识的快速扩展和挑战，如表 7-1。

表 7-1　工业设计定义的演变

	时间	概念内容
工业设计概念变迁	1970年	工业设计是一种根据产业状况以决定制作物品之适应特质的创造活动。适应物品特质，不单指物品的结构，而是兼顾使用者和生产者双方的观点，使抽象的概念系统化，完成统一而具体化的物品形象，意即着眼于根本的结构与机能间的相互关系。
	1980年	就批量生产的工业产品而言，凭借训练、技术知识、经验及视觉感受而赋予材料、结构、形态、色彩、表面加工及装饰以新的品质和资格。
	2006年	目的：设计是一种创造性的活动，其目的是为物品、过程、服务以及它们在整个生命周期中构成的系统建立起多方面的品质。因此，设计既是创新技术人性化的重要因素，也是经济文化交流的关键因素。 任务：设计致力于发现和评估下列项目在结构、组织、功能、表现和经济上的关系：增强全球可持续性发展和环境保护（全球道德规范）；给全人类社会、个人和集体带来利益和自由；在全球化背景下支持文化多样性（文化道德规范）；赋予产品、服务和系统以表现性的形式（语义学）并与它们的内涵相协调（美学）。
	2017年	设计通过其输出物对社会、经济、环境及伦理方面问题进行回应旨在引导创新、促发商业成功及提供更好质量的生活，是将策略性解决问题的过程应用于产品、系统、服务及体验的设计活动。 它是一种跨学科的专业，将创新、技术、商业、研究及消费者紧密联系在一起，共同进行创造性活动，并将需解决的问题、提出的解决方案进行可视化，重新解构问题，为建立更好的产品、系统、服务、体验或商业网络的机会，提供新的价值以及竞争优势。

从 1978 年到 2017 年的设计定义演变中，可以明显看到设计知识跨学科的演变及设计边界扩大，设计参与解决问题的领域和目标越来越具挑战性。服务设计作为设计发展新方向，对设计师综合知识和团队合作要求同样很高，设计单纯依靠符号化方式进行知识服务和创新无法为社会问题解决、国家需求提供深层支持，而设计真实介入的难点是跨学科知识和社会化思维生成与培养，如图 7-3。

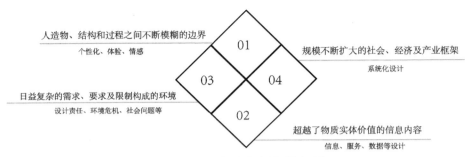

图7-3　设计社会创新的领域

从美国设计师布雷克·麦考斯（Blake Mycoskie）建立鞋子品牌出发点看，似乎带有很强烈的公益性，每买一双价廉物美鞋子背后会连接着贫困地区孩子生活希望与回馈的感动，以商业和公益方式联系起"TOMS—消费者—赠予方"故事。在此基础上，TOMS还逐渐扩展到"眼镜—贫困地区眼科疾病诊疗支持""咖啡店—贫困地区140公升干净饮水捐赠"等。现在，TOMS又建立起"Buy one for one"服务平台，动物、教育、女性、公义、健康、儿童、营养、水等每一项销售都会对应某个贫困地区相应的公益支持，这样的企业形态与纯粹商业捐赠是不同的思维方式，有人称之为社会性设计，其背后是服务设计思维和跨领域创新。

从传统创新认知审视，TOMS并没有高技术创新，其解决社会问题的视角根植于用户具体需求，以服务设计模式重新调整人—物—环境的资源流动系统，但这种调整和改变涉及行为、技术、商业、社会的复杂议题，对服务设计师的知识结构、理论方法跨学科化。所以，斯坦福大学D.School将社会性设计思维作为学生创造力培养工具和参与社会复杂问题挑战的创新思维，哈佛大学社会创新种子社区（Harvard SEED for Social Innovation）用设计思维为贫困地区改善用电资源。2017年世界设计组织（World Design Organization，WDO）重新定义设计概念：设计是将策略性解决问题的过程应用于产品、系统、服务及体验的活动，它是一种跨学科专业和通过输出物对社会、经济、环境及伦理方面问题的回应。

（二）服务设计触点实施的挑战

服务设计不同于其他设计实践，它的创新与实施涉及产品系统流程的每一个环节，服务设计就是解决产品系统中的具体接触点体验，这决定了服务设计的细节挑战非常重要。老子曾说过："天下大事，必作于细。"往往服务流程中的某一个触点改善都会让人心中一暖，如提起银行业务办理，很多人会立刻在脑海中浮现排队、拥挤、嘈杂的印象，但武汉中国银行这个分支网点服务大厅的一张信息图表设计却让人感受到服务温暖（如图7-4），这是该服务网点统计每天全营业时间段内人流分布规律图表设计，便于经常来银行办理事务的客户根据事情缓急选择恰当时间前来，看到这张图能体会到了此网点服务思考的温暖。事实上，生活中很多产品服务可能就是某一服务体验接触点的感动，就大大改变用户情感趋向。

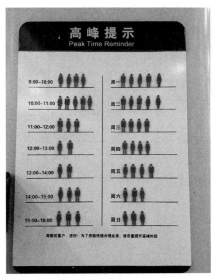

图7-4 银行网点各时间段人数分布

图7-5是武汉协和医院入口，表面上看并没有什么问题，几乎很多单位入口都是这样，但假如你开车亲身体验一次进库过程，估计多数

司机会感叹一声："设置这个入口流线的家伙是不是自己从未开车走过这里。"我曾站在楼上专门观察了该入口十分钟，一共进入八辆小汽车，三辆汽车右后门底部不小心剐蹭，其他七辆汽车司机经过收费杆后，故意继续直行一点距离，再小心倒车后才敢向右转弯快速离开（此种情况要么是司机经验丰富，要么是司机曾在此吃过亏吸取了教训），特别是晚上灯光偏暗时，进入车辆在此处剐蹭比例更高。观察到这个现象后，当我出医院时刻意观察了院内停放车辆的右后门，发现不少车辆相同部位都存在擦痕。可见，此处转弯设计是存在问题的，从服务设计看，该医院后勤部门只是完成"自认为合理"的车辆右转弯引导，却没有真正考虑司机进入的真实开车状态。

图7-5　医院入口转弯设计

图7-6、图7-7是人们过人行横道的两种不同服务模式，能典型说明服务细节设计的重要性。当前生活中智能手机依赖症现象严重，很多人走路、吃饭、睡觉、坐车几乎都是低头玩手机状态，如图7-6所示，路口红绿灯虽能避免小型汽车对行人的伤害，但低头过马路仍存在电动车与行人摩擦、不看路、易撞人、易摔倒、过马路速度慢等问题，从而影响道路正常行驶效率和秩序混乱。传统红绿灯服务只能解决汽车与人的通行秩序，而图7-7路口的红绿灯装置设计相比前者，更

容易从服务细节上解决交通服务效率和秩序现状，体现服务设置者站在用户视角的观察。该路口信号设计从视觉、触觉、声音三方面提醒过马路人群，行人按箭头下方按钮后，等待信号灯转换后即可快速过马路，信号灯还会发出急促"嘟嘟"声，营造紧急氛围，既能提醒和催促行人快速通过路口，也能告诉汽车和现场其他车辆行人正在过马路，在路口通行服务设计上更深入和细致地理解了体验现状。

图7-6　行人低头玩手机过马路　　图7-7　路口自助通行信号设计

"中国式"过马路是各地交警较为头痛的问题，红绿灯对这一人群等同没有，从交通管理要求上看，"红灯停、绿灯行"服务规则很清晰，但如果有人不遵守该如何处理？有城市采取拍照公布、小额罚款、志愿者管理等方法，但这些办法或是处罚太轻，或是人力成本高难以持续，造成随意闯红灯现象仍然常见，貌似小事，实则危害不小。2018年湖北黄石市在人行横道两端安装了一种路口喷雾装置当人们闯红灯时会喷出水雾，并语音提示禁止通行，炎炎夏日时清凉雾水降低闯红灯者的烦躁情绪，寒冷冬日时对闯灯者算是惩罚，该设计从通行服务关键触点上进行探索，兼顾服务成本、服务细节的考量。

从日常生活中不起眼的各类服务设计案例可以看出，好的服务设计不仅是服务系统构建、用户行为梳理，其具体实施的触点设计、细节考虑更是服务设计成败的难点挑战。

二、服务设计对生态问题的介入

当前，生态环境问题是国家和社会关注的重点，并衍生出绿色设计、生态设计、可持续设计等理论方法。其中，绿色设计、生态设计是基于产品生命周期（生产、制造、运输、销售、回收）整体考虑各阶段合理利用和环境影响，达到提高资源利用、降低产品对生态环境破坏。以上两种设计思路都是站在物品角度设计，人的生活方式需求和影响重视不够，只是技术层面的生态考虑，而可持续设计、产品服务系统设计则着眼"人"的层面进行探索，关注物品背后的生活方式、人地关系、可持续发展需求，包括教育、健康、能源、住房、连接、管理等"经济—环境—社区"系统，为生态危机缓解提供新的介入方式。

以产品生命周期末端处理为例，当前国内外关于产品再利用主要从两方面展开，一是资源化工艺技术研究，侧重用物理化学的工艺手段解决生产生活废旧物，从废旧物中回收有用的物质和能源。如工业经济中的生态循环利用，主要在资源流动组织和再利用技术层面展开，侧重从产业化、企业内部工业生产废物循环和企业间废旧物循环利用展开研究，构建废物闭合生态链或无害化处理（绿色设计3R原则），这些方法是对"大量生产、大量消费、大量废弃"传统模式的变革，解决了产品绿色设计中生产与使用问题，即企业生态行为问题。二是再利用设计方法，使废旧物由消极处置转到积极利用，主要针对生产生活领域可回收和无危害物质。如耐克将废旧运动鞋回收改造成人工草地（足球场、网球场、田径跑道）、宜家产品的可持续设计与循环等强调了企业提高废旧物再利用的环保理念和路径。也有不少企业和研究者进行了"形态改造和功能置换"的再利用研究，如原研哉"RE-DESIGN：21世纪日常用品"展。

以上方法和技术路径对"产品再利用"起到积极作用，但世界范围内还在急剧增长的废旧物数量仍困扰社会。产品生态危机需要企业和消费者广泛参与，特别是"云计算"普及、消费者环境意识强烈，如何利用"互联网+"、大数据构建企业、政府、消费者信息共享和生态再利用服务平台，成为产品生态危机解决的新热点和新趋势。而"哥本哈根参与式服务模式"、"新西兰达尼丁市与麻省理工学院合作的'蓝色垃圾筒'服务系统"、英特飞（interface）拼接地毯设计与服务、我国"互联网+"社区垃圾源头分类等都是服务设计介入生态危机的新探索。正如表7-2所示，服务设计介入生态危机改善思路明显不同于传统模式。

表 7-2　传统模式和服务模式的对比

传统模式	废旧产品	产出垃圾	企业负责生产、政府负责填埋、用户负责扔弃
	清理服务		
服务模式	"废旧产品+资源化服务"	产出产品	用户、企业、管理者（城市和社区物业）、第三方服务平台融为一体

三、服务设计对经济问题的改善

随着技术普及与城市化快速提高，不同品牌日常生活消费品质量和技术差距缩小，出现所谓的"商品化陷阱"（Commodity Trap），消费者对产品技术和品牌以外的价格和便利更加关注，服务从产品补充物转向竞争要素，演变出新的消费关系——"服务经济"。当前，服务业成为我国经济第一大产业和新引擎，但整体竞争力不强，一方面是中国改革开放主要集中在生产制造，另一方面服务质量和供给形式粗放。

当社会主要矛盾转为人民日益增长的美好生活需要和不平衡不充分的发展间的矛盾时，消费结构、制造转型都需要服务相关领域参与。以现今火热的共享服务经济为例，"共享汽车""滴滴出行""共享单车"几年间遍及我国大小城市，其迅速普及和受欢迎一定层面反映了新服务模式的便利，如乘坐出租车，很多人都经历过司机拒载、下雨天叫不到车、司机随意绕路和涨价等痛苦，在滴滴、优步刚出现时，以上服务痛点和消费者抱怨明显得到改善，良好的界面设计、服务流程有效缓解大众乘车体验，拉动共享经济发展。

但随着新服务模式继续发展，服务设计体验问题成为影响使用和经济效益的重要因素，如共享单车使用上，个人使用 ofo 和哈啰单车的体验差别很大，哈啰单车服务设计明显更加合理，它提供支付宝信用免押金、快速保修、语音互动，有支付宝的老人扫扫即可骑行，省去各自缴费麻烦，如图7-8。哈啰单车 CEO 杨磊说道："后台数据显示40%用户会在押金环节放弃使用共享单车。"而 ofo 骑行必须交押金，让不经常使用者和金钱谨慎者很纠结，更糟糕的是，一个城市 ofo 押金在其他城市不被承认，即出差到其他城市使用 ofo 必须再交一笔押金，如图7-9。这种服务设计的差异虽然不起眼，在竞争激烈时至关重要，降低消费者对其服务体验印象。

图7-8　哈啰单车　　　图7-9　ofo 骑行扫描

另外，服务设计还可参与到国家重要经济事项中，如2018年联合国工业发展组织、工业和信息化部、中国工业设计协会等联合发起《设计扶贫倡议》，不少创新企业、设计院校参与其中，为贫困地区经济复苏、非遗再造活化、乡村风貌旅游、社区建设等创造新的经济价值。如2014年由东西元素和基金会发起的护眼学习灯和学习桌公益、2015年西安美院参与的曹村柿子项目、中国美术学院美丽乡村营造社会实验项目、湖南大学"新通道·花瑶花"非遗文创与消费扶贫等，为提升贫困区产品质量、改善生活水平、推动风貌改观、顶层与区域可持续发展等发挥作用。

因此，随着服务经济时代到来，制造商品变得相对简单，生产能力由物质生产转向为服务性生产，好的产品服务不仅仅是高技术，更体现在良好的用户服务体验，强调整体化解决方案，服务设计对改善各领域、各行业服务方式、服务水平有着重要价值。这不仅有助于从生态角度探索可持续生产与消费，还扩展了设计的社会功能与伦理价值。面对人口膨胀、资源紧张、城市化困境等危机，设计对象从"物品"转向"服务"，并由此衍生出人与产品的新型关系、新的设计内容、新的服务体系，从责任伦理角度看，协作设计与服务代表了设计从纯粹商业工具转变为社会责任层面的参与者，代表了设计从"产品为中心"转变到真正"以人为中心"的伦理关注。

参考文献

［1］宝莱恩，乐维亚．服务设计与创新实践［M］．王国胜，译．北京：清华大学出版社，2015.

［2］金斯伯格．iPhone 应用用户体验设计实战与案例［M］．师蓉，译．北京：机械工业出版社，2011.

［3］陈嘉嘉．服务设计［M］．南京：江苏凤凰美术出版社，2016.

［4］王国胜．触点［M］．北京：人民邮电出版社，2017.

［5］古德曼，库涅夫斯基．洞察用户体验：方法与实践［M］．第2版刘吉昆，译．北京：清华大学出版社，2015.

［6］郑军荣．服务设计思维［M］．南昌：江西美术出版社，2016.

［7］王国胜．服务设计与创新［M］．北京：中国建筑工业出版社，2015.

［8］石原直．好服务是设计出来的［M］．姜瑛，译．北京：东方出版社，2016.

［9］布朗．IDEO，设计改变一切［M］．侯婷，译．沈阳：万卷出版公司，2011.

［10］陈觉．服务产品设计［M］．沈阳：辽宁科学技术出版社，2003.

［11］李四达，丁肇辰．服务设计概论：创新实践十二课［M］．北京：清华大学出版社，2018.

［12］戴尼奥．服务设计模式：SOAP/WSDL 与 RESTful Web 服务设计解决方案［M］．姚军，译．北京：机械工业出版社，2013.

［13］李晓珊．智慧城市：智能环保与服务创新设计［M］．北京：化学工业出版社，2018.

［14］胡莹．服务设计概念衍生阶段的设计模式与策略［M］．长沙：湖南大学出版社，2017.

[15] 樊治平，于超.考虑顾客行为的服务产品设计方法研究 [M].北京：科学出版社，2016.

[16] STICKDORN M, SCHNEIDER J. This is Service Design Thinking: Basics, Tools, Cases [M].New You: Wiley, 2012.

[17] STI KDORN M. This is Service Design Doing [M]. California: O'Reilly Media, Inc, USA , 2018.

[18] LEWRICK M. The Design Thinking Playbook: Mindful Digital Transformation of Teams, Products, Services, Businesses and Ecosystems [M].Wew York: Wiley , 2018.

[19] JNDBORG J. Service Design Solutions: Design Is Not a Result, It's a Process [M].Madison, WI: Createspace Independent Pub, 2015.

[20] 梁町，Manzini. 持续之道：中国可持续生活模式的设计与探讨 [M].广州：岭南美术出版社，2006.

[21] 戴力农.设计调研 [M].北京：电子工业出版社，2014.

[22] 第亚尼.物质社会：后工业世界的设计、文化与技术 [M].腾守尧，译.成都：四川人民出版社，1998.

[23] 柳冠中.事理学论纲 [M].长沙：中南大学出版社，2006.

[24] 王明旨.工业设计概论 [M].北京：高等教育出版社，2007.

[25] 汤姆·凯利，乔纳森·利特曼.创新的艺术 [M].李煜萍，译.北京：中信出版社，2010.

[26] 刘军.新设计伦理：信息社会情境下的设计责任研究 [M].北京：中国文联出版社，2017.

[27] 雅各·史奈德，马克·史帝克敦.这就是服务设计思考 [M].池熙璿，译.新北：中国生产力中心，2013.

[28] 托马斯·洛克伍德.设计思维：整合创新、用户体验与品牌价值 [M].李翠荣，译.北京：电子工业出版社，2012.

[29] 奇普·希思，丹·希思.行为设计学 [M].靳婷婷，译.北京：中信出版社，2018.

[30] 罗伯特·霍克曼.用户体验设计本质、策略与经验 [M].刘杰，译.北京：人民邮电出版社，2017.

[31] 王佳.信息场的开拓：未来后信息社会交互设计 [M].北京：清

华大学出版社，2011.

［32］沃尔特·布伦纳，福克·尤伯尼克.创新设计思维：创造性解决复杂问题的方法与工具导向［M］蔺楠，译.北京：机械工业出版社，2018.

［33］克里斯托弗·迈内尔，乌尔里希·温伯格，蒂姆·科罗恩.设计思维改变世界［M］.平嬿嫣，译.北京：机械工业出版社，2017.

［34］帕顿.用户故事地图［M］.李涛，译．北京：清华大学出版社，2016.

［35］樽本徹也.用户体验与可用性测试［M］．陈啸，译.北京：人民邮电出版社，2015.

［36］KEUN L, A Study on Product Design applying Corcept of Healthcare Service Design［J］.A Treatise on The Plastic Media , 2016（19）：223-230.

［37］정경선.A Study of Service Design inside our living［J］. A Treatise on The Plastic Media, 2016（19）：231-240.

［38］CCOSTA N, PATRICIO L, MORELLI N, et al, Bringing Service Design to manufacturing companies: Integrating PSS and Service Design approaches［J］.Design Studies , 2018（12）：112-145.

［39］LUCILA C, PETER G Design, learning networks and service innovation［J］. Design Studies, 2018（12）：27-53.

［40］WANG YU-HUI, LEE CHMG-HUNG, TRAPPEY A J C.Service design blueprint approach incorporating TRIZ and service QFD for a meal ordering system: A case study［J］. Computers & Industrial Engineering, Wang, 2017（5）：388-400.

［41］TOULOUM K, IDOUGHI D, SEFFAH A.User Experience in Service Design A Case Study from Algeria［J］. It Professional, 2017（19）：56-58.

［42］CHOWDHURY MD.M H, QUADDUS M A.A multi-phased QFD based optimization approach to sustainable service design［J］. International Journal of Production Economics, 2016（2）：165-178.

［43］LOKKEGAARDM, MORTENSEN N H, MCALOONET C.Towards a framework for modular service design synthesis［J］.Research in

Engineering Design, 2016（27）: 237-249.

[44] 罗仕鉴, 邹文茵. 服务设计研究现状与进展 [J]. 包装工程, 2018, 39（24）: 43-53.

[45] 辛向阳, 曹建中. 定位服务设计 [J]. 包装工程, 2018, 39（18）: 43-49.

[46] 周祎德, 彭希赫. 服务设计的满意度动态评价方法 [J]. 设计艺术研究, 2018, 8（4）: 64-68.

[47] 楚东晓, 彭玉洁. 服务蓝图的历史、现状与趋势研究 [J]. 装饰, 2018（5）: 120-123.

[48] 高颖, 许晓峰. 服务设计: 当代设计的新理念 [J]. 文艺研究, 2014（6）: 140-147.

[49] 刘军, 刘倩. 基于智慧医疗的就医自助服务设计研究: 以武汉中心医院为例 [J]. 装饰, 2016（8）: 68-69.

[50] 杰西·格里姆斯, 李怡淙. 服务设计与共享经济的挑战 [J]. 装饰, 2017（12）: 14-17.

[51] 王国胜. 从物权意识走向共享意识的设计 [J]. 装饰, 2017（12）: 18-23.

[52] 张军. 基于洞察的服务体验提升 [J]. 装饰, 2017（12）: 24-27.

[53] 邓成连. 触动服务接触点 [J]. 装饰, 2010（6）: 13-17.

[54] 刘军. 信息情境中基于服务性心理的设计反思 [J]. 机械设计, 2013, 30（9）: 117-119.

[55] 姜颖, 张凌浩. 服务设计系统图的演变与设计原则探究 [J]. 装饰, 2017（6）: 79-81.

[56] 高颖. 从公共服务视角谈服务设计的价值 [J]. 新美术, 2015, 36（4）: 84-90.

[57] 刘军. 基于角色认知的"互联网+"博物馆公共服务设计研究 [J]. 装饰, 2017（11）: 118-119.

[58] 何人可, 胡莹. 服务设计概念衍生阶段的设计模式与策略研究 [J]. 设计, 2015（1）: 40-49.

后　记

　　本书内容是笔者在近几年服务设计课题研究成果积累基础上整理而成的，从服务设计发展现状、常见工具、流程方法、研究案例等方面进行框架构思。成书过程得到老师、朋友、学生的诸多帮助，陈汗青教授、王明旨教授、王焰新教授在该书的设计思维、服务理论、服务设计方法案例上给予了很多指导。桂宇晖院长在研究视角、描述方法上帮助颇多，特别是书稿完成的最后阶段，桂宇晖院长给了我较充足的时间和较多的精力投入。我的好朋友张睿智副教授、郑杨硕副教授日常交流中给予的研究建议也让我受益良多。我的学生们也为本书付出了努力，第5章、第6章分别得益于叶冲、刘倩的学习研究基础，她们为这两章内容做出了主要贡献，还有倪维钦、才阔、卢辰、申宸、鲁悦、鲁委霞、徐茜、葛景琳、戴佩等多位同学在书稿图片筛选、制作上的帮助，特别是倪维钦、才阔、申宸、鲁悦几位同学后期反复认真改图，感谢你们的辛苦付出。

　　本书内容也得到了第56批中国博士后科学基金面上项目"基于固体废物资源化理念的服务系统设计"资助，第5章社区服务设计案例研究中的部分调研、废旧物资源化探讨都来自课题。湖北省人文社科重点基地"巴楚艺术发展研究中心"2017年重点项目"互联网＋巴楚艺术文化遗产信息设计理论与方法"为本书第1章、第2章的设计思维、物品设计关系探讨提供了资助，中国地质大学2018年研究生教育教学改革项目"双一流导向的设计学学科研究生教学模式与课程体系建设"、2018年本科教学研究一般项目"一流设计专业课程深度学习模式与效应研究"为第4章、第5章、第6章的内容积累提供了帮助，其中不少案例是课题研究中整理而来的。

　　虽然书稿已经完成，但回头再看整体思路、内容框架，仍有很大改进空间，不少好的服务设计工具方法没有完全纳入，案例分析深度还可以继续跟踪、补充和比较研究，部分设计现象的描述只是基于个人理解的阐述，物品设计现象分析的合理性、完整性有待更多人参与补充。基于以上认识，我想这本书只是阶段性完成，在后续学习、研究中还需要努力查漏补缺。